尽 善 尽 美　　弗 求 弗 迪

股权的博弈

如何做好股权设计，让激励最大化

陈学兵◎著

电子工业出版社.

Publishing House of Electronics Industry

北京·BEIJING

内 容 简 介

一套有效的股权与机制布局对企业发展至关重要！如何设计股权方案？分错了如何改？具体如何操作实施？涉及哪些会计和法律问题？如何规避其中的风险？这是本书要讲的重点内容，书中内容旨在通过对海底捞、真功夫、罗辑思维、百度、腾讯、阿里巴巴、华为、苹果、摩拜、滴滴、泸州老窖、雷士照明、分众、聚众等企业的解析，以及相关实操案例的分享，来解决企业发展中的股权分配问题。

图书在版编目（CIP）数据

股权的博弈：如何做好股权设计，让激励最大化 / 陈学兵著 . —北京：电子工业出版社，2018.1

ISBN 978-7-121-33058-2

Ⅰ.①股… Ⅱ.①陈… Ⅲ.①股权管理—研究 Ⅳ.① F271.2

中国版本图书馆 CIP 数据核字（2017）第 284317 号

责任编辑：张 毅
印 刷：三河市鑫金马印装有限公司
装 订：三河市鑫金马印装有限公司
出版发行：电子工业出版社
　　　　　北京市海淀区万寿路 173 信箱　　邮编：100036
开 本：720×1000　　1/16　　印张：14.75　　字数：215 千字
版 次：2018 年 1 月第 1 版
印 次：2022 年 3 月第 14 次印刷
定 价：39.80 元

凡所购买电子工业出版社图书有缺损问题，请向购买书店调换。若书店售缺，请与本社发行部联系，联系及邮购电话：（010）88254888，88258888。

质量投诉请发邮件至 zlts@phei.com.cn，盗版侵权举报请发邮件至 dbqq@phei.com.cn。

本书咨询联系方式：（010）57565890，meidipub@phei.com.cn。

序 言

....

过去，创业公司往往是创始人一人包打天下，创始人 100% 控股公司是常态，不需要做股权设计和股权分配。现在，合伙创业时代来临，合伙式创业、共享股权成为新时期创业企业的标配。

过去，股权分配的核心是股东出资多少，钱是最大变量。现在，人成了最大变量，创始人团队是创业公司最宝贵的资源，只出钱不出力或少出力的投资人是否遵守"投大钱，占小股"的基本原则，已经成为判断其是否成熟的重要标准。

过去，创业公司通常是创始人单干制。现在，则提倡合伙人协同作战，共担风险，共享收益。

过去，公司利益是上下级分配制。现在，则提倡合伙人（股东）之间利益分享。

过去，职业经理人用脚投票。现在，则提倡合伙人之间背靠背共进退。

过去，企业老板通常利用公司自身的造血功能，缓慢地滚动发展。今天，老板们可以通过股权融资和股权投资的方式，快速获取企业发展所急需的资金、资源，快速扩大版图，做甩手掌柜，做股权投资人。

从某种意义上讲，股权是企业的最高命题，懂股权是做企业、做分配、做融资、做投资的基本要求。企业进行股权设计和股权分配的目的在于激发利益相关者的动力和积极性。股权激励是企业的核动力，是企业的命脉，这个命题如果解决的好，那么企业上下里外就都被激活了，从而成就企业发展的美好蓝图。

股权分配到底是什么？有人说是造富的工具、是资本的盛宴、是吸引人才的金手铐。但在我看来，股权分配的本质是完成公司股东跟高管团队之间、投资人之间、员工之间、外部合作伙伴之间，以及高管团队内部之间关于企业未来事业发展的深度思考和沟通。通过心理契约的达成，以及长效激励机制的保障，实现企业从"利益矛盾体"走向"利益共同体""事业共同体"乃至"命运共同体"。

今天的企业和老板，务必要做好公司股权设计和股权分配，发挥好股权的激励效应。正如徐小平所说："公司股权结构不合理，一定做不成。"

徐小平的话绝非危言耸听，我们看到真功夫、雷士照明等公司由于股权分配不合理，导致创始人锒铛入狱；苹果创始人乔布斯、1号店创始人于刚由于股权比例设计不合理而被逼离开自己一手创立的公司。

相反，合理的股权设计和股权分配，则能够成为公司发展的原动力，能够有效解决人的问题、钱的问题、资源的问题、融资的问题、公司控制权，以及创始人博弈的问题。我们看到，马云用股权吸引人才（蔡崇信）、留住人才（18罗汉）、吸引资本（孙正义）、进行产业整合（雅虎联盟），控制阿里巴巴亿万帝国。

事实证明，股权结构是可以被有效设计和调整的，如海底捞创始人张勇就通过一系列巧妙运作，成功解决了曾经"世界最差股权结构"（创始人均分股权），牢牢掌握了公司控股权和控制权。

通过相应的股权设计，公司创始人还能够在不具有控股权的情况下掌握对公司的控制权，如京东、百度、阿里巴巴、腾讯等，其创始人并无控股权（刘强东持有京东16.2%的股权，马云在阿里巴巴的股权只占8%，马化腾只持有腾讯10%的股份，李彦宏持有百度17%的股份），但他们通过双层股权结构、合伙人制度等股权制度设计，而对公司掌有牢不可破的控制权。

所以，拥有一套有效的股权与机制布局对企业发展至关重要。公司如何进行合伙人股权分配？如何进行股权激励？如何进行股权融资？如何进行股权众筹，如何进行股权投资？具体如何实施？涉及哪些会计和法律问题？如何规避其中的风险？这些都是创始人迫在眉睫需要解决的问题。

本书通过对海底捞、真功夫、罗辑思维、百度、腾讯、阿里巴巴、华为、苹果、摩拜、滴滴、雷士照明、分众、聚众等企业的解析，以及对相关实操案例的分享，来解决企业发展中的下列问题。

1. 公司股权该如何分配，哪些人可以获得股权？

2. 如何设计股权之间的"责、权、利"？

3. 好朋友一起创业，如何书写出资协议才能不伤感情，不起纠纷？

4. 如何挖掘股东背后的隐形资源、快速发展？

5. 如何避免"兄弟式合伙，仇人式散伙"？

6. 如何通过以股权为纽带，整合上下游资源？

7. 如何设计融资计划书引进外部投资？

8. 家族企业应该如何规划企业股权结构？

9. 如何同外部股权投资者进行沟通、谈判、博弈？

10. 如何处理在职股东与非在职股东之间的关系？

11. 如何将分错的股权收回来？

12. 如何设计分配机制让公司的每个员工都全力以赴？

13. 如何用股权吸引人才，留住核心高管跟老板干一辈子？

14. 如何在不具备控股权的情况下掌握公司控制权？

学员评语

一次偶然的机会听到陈学兵老师分享的《股权设计·机制分配》课程，分享的课程实战、落地，好操作，做企业的老板都需要落实这样一套方案。

——中山市小霸王数码通信设备有限公司　刘继根

陈学兵老师与学员结盟，对人真诚，全心全意为学员服务，值得信赖。课程设计直面需求，内容简洁，实操性强，落地企业成效显著！

——成都宇飞信息工程有限责任公司　华建和

我上了这么多课后觉得陈学兵老师是用心在为中小企业的发展出谋划策，全心全意地为中小企业在发展过程中提供落地解决方案！

——中艺财富画院有限公司江苏分公司　朱美华

最为实操落地的股权和薪酬激励设计师。

——北京安之文化传播股份有限公司　田津举

陈老师的股权课程最实战，我认为是每一个中小企业都必须要掌握的知识，很多优秀企业最后都因为股权结构没有设计好，导致创始人出局！

——广东如一商务服务有限公司　戴骊静

股权机制分配，落地真实有效，企业人才共赢。

——上海嘉昶农业科技股份有限公司　颜润平

陈老师的课程易学易懂，操作简单，股权设计能留人留心，分配机制能让公司每个员工自奋自发的做好自己的工作。

——东莞旺冠机械有限公司、高冠机械科技有限公司　蒋雄军

解密人性，共享未来，接地气。方案非常灵活，可以在双赢的环境里愉快地工作，能认识陈学兵老师我觉得非常幸运。

——天津宇屹新村料科技发展有限公司　江泽波

简单、直接、有效、落地!

——河南恒宇食品科技股份有限公司　甘静波

听了陈老师的课程后，觉得周围处处都有资源，学到了怎么给员工分配股权和留住员工的一些方法，真正把员工作为合伙人，留人更要留心!

——南通良春中医医院　朱婉华

陈学兵老师的股权分配机制课程，"实战、落地、适合任何一家企业的管理，如果企业导入陈老师的股权机制分配，将会使您的企业插上腾飞的臂膀"。

——河南君之杰商贸有限公司董事长　刘薇

读了陈学兵老师这本《股权的博弈》后，让我深刻地感受到，一个公司要想做大做强，必须从公司初创期开始就把公司的股权分配机制设计好。这包括创业团队的股权分配多少最为合适，如何用好股权、期权来激励自己的团队，吸引优秀人才加入和融资等，使公司的股权方案的效用发挥到最大化，让我学到了很多很多，在这里再次感谢陈老师的教导，谢谢!

——金碑创业投资有限公司　陈龙春

目录
CONTENTS

第一章　股权设计：为公司发展注入核动力 / 001

第1节　打造共同的发财机制 / 002

所谓"一将无能，累死千军"如果创始人不能有效地发挥团队和人才的作用，不善于"使众人行"，那么公司很难做大，做强。公司创始人要给员工创造四种机会：赚钱的机会、做事的机会、成长的机会、发展的机会。时常打着激励员工的名号挖空心思设计绩效考核制度的老板，未必真的为员工着想。

第2节　如何当好一锤定音的决策者 / 012

格局和胸怀虽然不能决定一切，但能决定你值得拥有多少财富、经营多大的公司。斤斤计较的老板，带出的必然是斤斤计较的员工，反之亦然。

你选择的合伙人必然是一个能与你共进退、同荣辱的在创业路上出生入死的同盟军，而不是一个一旦摸清你的商业模式就另起炉灶的对手。

第3节　企业机制分配三部曲 / 019

全员分红让创始人爱恨交加，恨的是给员工分红无异于从自己身上割肉，爱的是一旦他们品尝到全员分红的"甜头"，就会乐此不疲地投入到工作中。全员分红能够从人性的角度根本性地解决企业运营管理的诸多难题。

第4节　实现利益关联者共赢 / 030

创始人和员工是一种筹码交换的关系，随着员工能力、经验和业绩的不断提升，双方之间的筹码也在此消彼长，因此创始人在必要的时候要予以让利。只有跟核心团队和骨干员工实现紧密的利益捆绑，才能获得更多的财富，打造更稳固的雇佣关系。

第5节　股权设计的注意事项 / 048

股权结构设计的不合理必然会导致股东之间出现矛盾。前文我谈及了均分股权的问题，股权均分是典型的不合理股权结构，"真功夫""海底捞"的案例已经证实了其对股东矛盾的绝对诱发效应。持股比例不合理还表现在"起主导作用的合伙人占小股，处于打工仔的地位"，这也必然导致合伙人之间发生矛盾，甚至分道扬镳。

第二章　股权激励：打造利益相关者共赢机制 / 065

第1节　常见股权分配落地方案 / 066

越早期的项目，越要珍惜股份，尤其是一个刚上线或运营不久的创业项目，在没有产品、用户、市场、收入及盈利的情况下，很难对其进行准确的估值。在这种情况下，创业合伙人心里应有一杆秤，对创业公司要有信心，不要低估其价值，避免一味地依赖投资人对项目的价值判断。

第2节　创业合伙人如何分股权蛋糕 / 080

你能走多远取决于你与谁同行！创业路上充满磨难艰辛，有几个志同道合、立志高远的伙伴陪伴，能增添几分成功的把握。但是股东之间的合作不是人员的简单叠加，而是能力的组合。股东之间要做到"力往一处用，劲往一处使"，这样才能发挥出1+1＞2的效果。

第3节　让干活的人拿大头 / 098

股权激励与常规的个人绩效激励有着本质的不同，后者只是对个体员工的绩效表现进行单独奖励，而且其结果往往是"零和"性的，企业的绩效评估体系会挑起员工之间的不正当竞争，而股权激励则不同，它使得员工的个人追求同公司的整体目标成功挂钩，人人都能受益。

第4节　股权捆绑利益相关者 / 115

企业创始人不但要有竞争思想，更应该具备"竞合"思想，通过"竞合"思想使自己强大起来，把原来的某些竞争对手变成自己的同盟。如何让竞争对手变成同盟？答案是成为利益共同体，将原本的竞争对手变成股东，形成强强合作关系，结成利益同盟。

第 5 节　规避股权激励的陷阱 / 124

股权激励是一套复杂的系统工程，涉及众多利益划分，牵一发而动全身，切不可草草决定拿出多少比例、多少万股的股份大手一挥发给员工。而且，激励过程中涉及的行权条件和权利限制等事项，也需要专业律师起草相应的正式文件。

第三章　股权投、融资：一手卖产品，一手卖股权 / 135

第 1 节　出让股权，换来资金支持 / 136

股权众筹不仅仅是筹钱，更重要的是筹人才、资源、智慧。其中最关键的是人才，找到了合适的股东，资源、技术、人脉及智慧也会随之而来。在股权众筹过程中，发起人一定要有企业控制权，成为一锤定音的决策者，避免股权过于分散，从而规避股权纠纷。创始人一定要有计划、有目标地进行众筹，莫让众筹变"众愁"。

第 2 节　谋人钱财不亚于夺人贞操 / 151

投资在很大程度上就是投人。在尽职调查中，人的因素是重中之重，几乎所有的风险投资人都把对目标公司合伙人团队、高管团队的尽职调查放在第一位。除了工作能力，风险投资人也很看重创业者的人品、胸怀、格局等要素，因为他们要确保自己投进去的巨额资金能够得到妥善利用，而人品欠佳者会让他们产生一种不安全感。

第 3 节　直击痛点，对症下药 / 165

了解了投资人的喜好，对于融资者来说仅仅是迈出了融资的第一步，要知道那些投资人都是非常冷静和谨慎的，他们不会轻易做出投资决定，除非你的东西能够真正打动他们。所以说，风险投资的获得除了取决于融资公司的素质外，还需要一定的融资技巧。也就是说，获取创业资本支持的过程就是展示企业投资价值和融资技巧与说服力的过程。

第 4 节　财富倍增的资本盛宴 / 182

股权投资是资金运作模式之一，具有高风险、高收益的特点，这种财富裂变式的积累方式在国内很受欢迎。据了解，中国当前资产排名前100位的富豪，其身价都是源自所持股权价值的增值，几乎没有一个不是靠原始股赚钱的。

第四章　公司控制权保卫战：股权融资的底线 / 195

第1节　不被资本绑架是一门艺术 / 196

对公司创始人而言，失去控股权并不可怕，可怕的是失去公司控制权。丧失公司控制权是股权融资给创始人带来的最大风险。如果创始人失去对公司的控制权，可能无法再准确地把握公司的发展方向，甚至会导致其一手打造的企业垮掉。

第2节　股权融资中的公司控制权设计 / 200

伴随着股权融资的推进，创始人的股权必然会被稀释，甚至于经过多轮融资后，创始人还有可能失去控股权。在失去公司控股权的情况下，创始人通过什么方式来掌控公司呢？这时，创始人可以采取双层股权结构，让股权和投票权相分离。

第3节　掌握好融资的底线与节奏 / 213

做好尽职调查，避免"引狼入室"。股权融资应该是一种双向选择，投资人在对创始人及其公司进行尽职调查的同时，创始人也应该对投资人展开反向尽职调查，对投资人的背景和投资意图要有一个准确的了解和把控，以减少公司股权稀释过程中的公司失控风险。

第一章

股权设计：
为公司发展注入核动力

第1节

打造共同的发财机制

◆ 创始人赚钱的"钱三角"

创始人赚钱依赖于一个系统，一套机制，核心要素包含"创始人、钱、团队"，即创始人赚钱的"钱三角"，如图1-1所示。

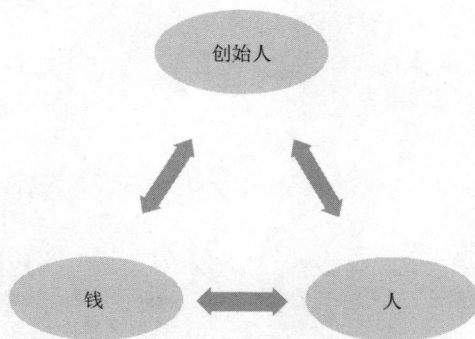

图 1-1　创始人赚钱的"钱三角"

1. 创始人：行业因素

创始人是公司的带头大哥，他肩负着把控公司走向、合军聚众、带领大家达成组织目标的任务。

创始人的核心能力在于通过超前的商业直觉、经营意识和企业家思维，调

动自己能够调动的一切资源达成企业经营目标和利润目标，这些要素我称之为
"企业家精神"。

许多老板沉浮商海数十载，哪怕一时栽了跟头，甚至倾家荡产，依然还能
够凭借骨子里的"企业家精神"东山再起，正如《1942》里的地主在逃亡的路
上仍信心满满地对长工说："我知道怎么从一个穷人变成财主，给我十年，你
大爷我还是东家。"

柯达和诺基亚的惨痛教训告诉我们，没有永远成功的企业，只有紧跟时代
步伐的企业。创始人的一个重要职责就是要看清行业大势，在企业发展的关键
节点，拿出壮士断腕的决心，及时做好转型，实在转不了就转行。

2. 钱：资金因素

在创始人眼里，钱不再是钱，而是赚钱的工具。从字形上看，"赚"字是
由"贝"和"兼"字构成，"贝"意指资金、资本，"兼"可看做兼职，即让资
金去兼职，实现赚钱的目的，也就是让钱生钱，实现资本增值。

据《公司法》规定，股东将财产投入公司，虽然失去了财产的所有权，但
换来了股东权利。这种股东权利就是分享公司原始资本增值利益的权利。

在股东权利中，股利分配请求权最为诱人，即公司获得赢利后，股东有权
请求公司向股东分配股利。这堪称所有创始人独资创业，以及股东合伙创业的
原动力所在。

3. 人：团队、人才因素

经营企业时，很多创始人感到精力不济，时间不够用，他们总是充当救火
队员，冲锋在企业一线，叫苦不迭，时常感觉到忙和累。导致这种情况的原因
是创始人不懂授权，不懂用人，崇尚个人能力，整个企业充满了浓厚的个人英
雄主义色彩。

曾经的企业依靠一个教父式人物包打天下的时代已经渐行渐远，而建设企
业团队，发挥团队的力量，已经成为企业界的主流认识。我们所看到的几乎所

有现代化企业的成功都是团队合力奋斗的结果。

华为总裁任正非写过一篇名为《一江春水向东流》的文章，文中有这样一番话：

我深刻地体会到组织的力量、众人的力量，才是力大无穷的。人感知到自己的渺小，行为才开始伟大……我后来明白，一个人不管如何努力，永远都赶不上时代的步伐，更何况在知识爆炸的时代。只有组织数十人、数百人、数千人一同奋斗，你站在这上面，才能摸到时代的脚。我转而去创建华为时，不再是自己去做专家，而是做组织者。在时代面前，我越来越不懂技术、越来越不懂财务、半懂不懂管理，如果不能民主的善待团体，充分发挥各路英雄的作用，我将一事无成。

正所谓"一将无能，累死千军"，如果创始人不能有效地发挥团队和人才的作用，不善于"使众人行"，公司很难做大、做强。

◆ 公司两大核心问题：人、钱

罗杰·道森是美国前总统顾问，他是著名的谈判大师，也是成功的企业家。在道森看来，世界上只有两种问题，一种是人的问题，一种是钱的问题。数十年风云变幻的商界生涯让道森坚信，只要解决好人和钱的问题，那所有的问题都会迎刃而解。

创始人经营公司通常要面临两大常态，要么缺人或缺钱，要么二者皆缺，既不缺钱又不缺人的公司极为罕见。

1. 如何解决人的问题

创始人要想解决人的问题，从根本上讲，只有一条路可走——设计发财机制。我们先来看几个现象。

现象一：为什么秦军会奋不顾身地拼上性命帮助秦始皇统一六国，成为千古一帝？在《史记·苏秦张仪列传》中，纵横家张仪对秦军的尚武精神倍加赞赏。

山东之士披甲蒙胄以会战，秦人捐甲徒裼以趋敌，左挈人头，右挟生虏。夫秦卒与山东之卒，犹孟贲之与怯夫，以重力相压，犹乌获之与婴儿……无异垂千钧之重于鸟卵之上，必无幸矣。

这段文言文的意思是："山东六国的兵士戴着头盔、身披铠甲投入作战，而秦军则光头赤膊，奋勇向前，左手提着人头，右胳膊下夹着俘虏，追杀敌人，六国的军队和秦军相比，就像小孩儿碰到了大力士……遭遇这样的虎狼之势，任何一支军队都是在以卵击石，必无法幸免。"

秦人如此玩命，必定事出有因。根据商鞅的新政，秦国的士兵只要斩获敌人"甲士"（敌军的军官）一个首级，就可以获得一级爵位"公士"、得田一顷、宅一处和仆人一个。斩杀的首级越多，获得的爵位就越高。一个士兵在战场上斩获两个敌人"甲士"首级，如果他的父母是囚犯就可以立即释放；如果他的妻子是奴隶，则可以转为平民。杀敌人五个"甲士"可拥有五户人的仆人。打一次胜仗，小官升一级，大官升三级。

在这种堪称完美的杀人激励机制之下，杀敌立功就成了秦国平民翻身的唯一砝码，所以秦军就像火柴遇见了汽油，燃烧成一团团烈火，发疯般地烧向敌军，一路所向披靡，灭六国，助嬴政登上大位，君临天下，成为千古一帝。

现象二：为什么中国农民在改革开放后很快就能吃饱穿暖了？

这是因为之前农民给生产队工作，给集体干活，所有人吃大锅饭，干多干少都一样。在这种机制下，人的惰性被激发，人人都想方设法偷懒，导致集体生产效率低下，粮食产量极低，再加上分配机制的不合理导致大部分人都吃不饱、穿不暖。

改革开放实行家庭承包责任制后，农民是给自己干活，无论收成好坏，粮食都归自己所有，因而个体隐藏的潜力和积极性被彻底激发，极大地提高了生产效率，收成也今非昔比，节节攀升，温饱很快就不再是一个问题。

现象三：为什么创始人在没有上级监督的情况下，仍然起早贪黑、无怨无悔，醉心于自己的事业？

企业运营不过是处理好钱和人的关系，钱和人之间的关系又无外乎这几种：

拿自己的钱办自己的事，既节约又有效率；

拿自己的钱办别人的事，虽然节约但没有效率；

拿别人的钱办自己的事，虽然不节约但有效率；

拿别人的钱办别人的事，既不节约也没有效率。

为什么创始人会起早贪黑、无怨无悔、全力以赴地服务于公司、忠于事业，就因为他们是在拿自己的钱办自己的事。对于创始人来说，工作已经成为了一种信仰，所有的坎坷、羁绊都要为此让路，付出再大的代价也在所不惜。

现象四：为什么一些企业的员工能够披星戴月、废寝忘食、全力以赴？

其实，并不是他们的主人翁精神有多强，而是因为通过努力工作，他们能获得自己想要的收入、职位、梦想和荣誉。

秦军为什么拼命？为了土地、爵位；

包产到户后的农民为什么干劲十足？为了温饱、富足；

创始人为什么拼命？为了赚钱、事业；

员工为什么拼命？为了赚钱、地位；

……

人都是务实的、趋利的，经营企业的关键是经营人，经营人的要旨在于把握人性，然后想方设法去满足人性。

马云曾说："员工的离职原因很多，只有两点最真实，一是钱没给到位；

二是心委屈了。"

创始人要时刻问自己，员工为什么要跟着你混？一个领导者、一个团队带头人要给员工创造四种机会：赚钱的机会、做事的机会、成长的机会和发展的机会！赚钱的机会应排在第一，你必须要给员工足够养家糊口的钱，让他们在工作中得到实惠，在此基础之上，再谈其他，否则整天讲什么"授人以鱼不如授人以渔"都不过是空话。

创始人要想让企业长久地经营下去，就要有分钱的意识，给员工打造一种"发财"机制，让员工能赚到钱，得到发展，这样才能一呼百应，应者云集。

遗憾的是，很多人意识不到这一点。我看到许多企业创始人，时常挖空心思设计绩效考核制度，表面上，他们自称是为了激发员工干劲，其实心里面有自己的小算盘，生怕员工拿到的太多，亏了自己。现实中，很多创始人都是制定绩效考核制度的能手，绩效考核措施从无定型，朝令夕改。这必然会导致人心浮动，员工徘徊不定，忠诚度不高，归属感不强，"这山望着那山高"，一旦有人以更高的待遇抛来橄榄枝，他们立马会动摇。

人才分配机制的核心要把控好两个方向：一是现有元老怎么分；二是未来新进人才怎么分。

2. 如何解决钱的问题

公司资金来源主要有三个方向：

1）股东投资

股东投资是企业运营的启动资金，必不可少。比如，马云和十八罗汉创立阿里巴巴时，大家凑的 50 万元就属于股东投资。

2）客户现金流

公司通过提供产品和服务，从客户方获得现金收入，这是公司收入的重要构成部分，也是决定公司价值的核心估值要素所在。

3）融资

当股东投入资金和客户现金流不足以支撑企业日常运营和未来发展之需时，就要进行外部融资，具体分为债券融资和股权融资两种。债券融资比较简单，举债还钱，支付利息，本金利息支付完毕，双方债券债务关系终结；股权融资则是以出让企业股权的方式，来获得外部投资者的资金支持，投融资双方是一种战略互信合作的关系。

股权融资模式下，投资人看重的是企业的未来成长性和长期价值，融资人则借助外部资金来渡过当下难关，同时布局未来。

比如，京东商城上线后，历年巨亏，自身现金流不足以支撑企业的未来布局和长远发展，但是京东通过股权融资持续获得巨量低成本资金，成为企业发展的源头活水。京东融资历程如表 1-1 所示。

表 1-1　京东融资历程

融资时间	融资额度	投资方
2007 年 8 月	1000 万美元	今日资本
2009 年 1 月	2100 万美元	今日资本、雄牛资本、梁伯韬私人公司
2011 年 4 月	15 亿美元	俄罗斯 DST、老虎基金、红杉资本等 6 家基金和个人融资
2012 年 11 月	4 亿美元	加拿大安大略教师退休基金、老虎基金
2013 年 2 月	7 亿美元	加拿大安大略教师退休基金和 Kingdom Holdings Company 等
2014 年 3 月	2.14 亿美元	腾讯

股权融资的过程也是股权不断稀释的过程，经过上述数轮融资，京东的股权已经充分稀释分散到各投资人手中，如图 1-2 所示。

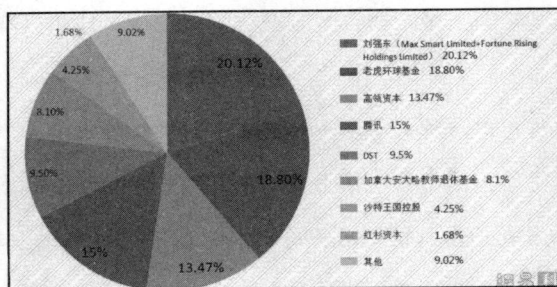

图 1-2　2014 年 5 月京东股权架构图

◆ 企业要打赢 "三战"：战略、战术、战果

企业经营就是一场战争，创始人要带领企业员工打赢 "三战"。

1. 战略

企业战略的关键在于选对行业、方向、员工，做好分配机制设计，在 "画饼" 阶段，要让大家看到企业的前景和 "钱景"。

2. 战术

创始人通过凝聚高管团队和基层人才，使之如同虎狼之势的秦军一般，在市场上攻城略地，充分调动人力资源的潜力，实现企业的经营目标和利润目标，将 "盘子" 和 "蛋糕" 做大，这是 "做饼" 阶段。

3. 战果

企业组织全员共同努力获得的战果理应由全员来分享。这时，创始人就要敢于 "分饼"，甚至于有时候公司操盘手（高管团队）的业绩会大于创始人业绩，那么创始人就要果断地让操盘手的收入大于自己的收入。

当然，"分饼" 要在企业既有分配制度基础之上进行，即使制度有不合理之处，也要坚决执行，决不可出尔反尔，将现行分配机制视作儿戏。当然，如果分配机制经证明确有不合理之处，可在事后进行调整、完善。

企业"三战"本质上是一场分配制度改革，目的是让所有成员公平分享到企业成长的成果。

我要为大众生产出一种机动车……这种车的价格非常低，以至于每个有一定收入的人都买得起，他们可以在上帝所赐予的广阔空间中和家人一起享受数小时的乐趣……当我如愿以偿之后，每个人都能买得起汽车，都将拥有汽车。在我们的大路上，将再也见不到马的踪影，汽车将会司空见惯。我们将会给更多人提供福利待遇优越的工作。

这是百年前，亨利·福特许下的公司愿景，从中我读到了两个信息：

第一，福特公司生产的汽车价格非常低，每个有正常收入的人都买得起；

第二，福特公司将给很多人提供福利待遇优厚的工作。

不仅是其他社会大众，福特公司的员工包括最普通的一线工人通过努力工作也能享用到自己的工作成果。但在身边我们看到了太多这样的尴尬：房地产企业的员工买不起自己盖的房子；汽车企业的员工买不起自己生产的汽车；电子企业的员工甚至买不起自己双手制造出来的电子产品；

我甚至亲眼所见，国内某知名大型汽车生产企业的一线生产人员，每天中午下班后就在路边小摊用几个馒头、几个馅饼或一碗便宜的米粉来打发午餐，让人心里感觉很不是滋味。毫无疑问，他们肯定消费不起自己亲手组装的汽车；

以上种种现象，对员工而言是一种悲哀，对企业而言是一种耻辱。在这种现象下，任凭你的企业战略再远大，对于员工而言也是没有任何意义的，这样的企业也不是令人尊重的企业。因为员工无法从企业发展中获得红利，他们不能给员工带来看得见的实惠。

马云说："发不出工资是领导者的耻辱。在我看来，无法让员工公平分享公司成长带来的财富，同样也是创始人的耻辱。"

2010年1月19日，马云给员工的一封邮件中，关于薪酬，马云写道："我们认为没有所谓最好的薪酬。阿里巴巴永远不会因为竞争对手和行业的做法而加薪，这只会引发恶性竞争和不健康的行业格局。阿里巴巴的薪资水平总体是合理的，有竞争力的。除了合理的基础收入，我们希望所有阿里人能够公平分享公司成长带来的财富，我们仍然实行奖励期权政策，同时各子公司也已开始制订各自的股权激励计划。"

在谈到加薪问题时，他的主张是："我们的加薪政策会继续向普通员工倾斜，公司高管把加薪机会留给普通员工。公司副总裁及 P11 以上级别人员全部不参与加调薪，M4、M5、P9、P10 等级的员工只对于特殊情况调薪，如晋升、历史遗留问题等。"

马云的邮件，有这样两句话令我肃然起敬：

"我们希望所有阿里人能够公平分享公司成长带来的财富"；

"我们的加薪政策会继续向普通员工倾斜"。

这才是有担当的创始人，格局宏阔，心系员工。真正做到让所有员工公平分享公司成长带来的成果，不能依靠创始人和领导的一时兴起、一时头脑发热，必须要有一套规范的分配机制来约束及调节。

分配机制是一家公司的核心机制，由创始人和中高层商定制定。在制定分配机制之前，相关参与人务必要弄清以下几个问题：

第一，企业价值是什么？

第二，谁为企业创造了价值？只有价值的创造者才有权利分享企业价值。

第三，如何对企业价值做出评估？评估原则要能够反映企业的价值导向和发展战略，换句话说，它会决定企业要求内部价值创造者应该往哪个方向努力。

第四，如何分配企业价值？分配的基本原则是——兼顾外部公平、内部公平、自我公平。

只有处理好这四个问题，才能真正发挥分配制度的激励作用。

第 2 节

如何当好一锤定音的决策者

◆ 你的格局和胸怀值多少钱

格局和胸怀虽然不能决定一切，但能决定你值得拥有多少财富，经营多大的公司，可惜很多企业创始人领悟不到这一点。

许多公司的老板时常挖空心思设计绩效考核制度，表面上，他们自称是为了激发员工干劲，其实心里面都在打自己的小算盘，生怕员工获利太多，亏了自己。在现实中更加司空见惯的是，绩效考核措施从无定型，朝令夕改，这必然会导致员工的人心浮动、徘徊不定，归属感不强，这山望着那山高。斤斤计较的创始人，带出的必然是斤斤计较的员工，反之亦然。

2016 年 4 月 26 日，香港联交所公布了腾讯 2015 年年报，年报公布了集团薪酬最高的 5 名高管的薪酬数额，这 5 名高管薪酬最高的达 2.74 亿港币，最低的也有 1.83 亿港币。而据财报显示，作为腾讯董事局主席的马化腾，其酬金仅为 3282.8 万元，远远低于上述高管。高管团队的收入超过董事长，下属的收入超过创始人，这在国企和传统民企里面简直不可思议，但是，马化腾做到了。这就是创始人的格局!

在国内外手机市场，OPPO 和 ViVO 两大品牌如日中天，这两大国产手机品牌幕后有一个共同的创始人——段永平。

段永平是国内商界的传奇人物，研究生毕业后，段永平到"小霸王"做厂长，短短几年就将销售额做到了 10 亿，后来他不再满足于拿着固定工资，做打工仔，于是向创始人摊牌，想要股份，可创始人心眼小，不同意给股份。

他没有遇到让自己赚钱的好创始人，所以自己当了创始人。

没得到股份，段永平一气之下，辞职创立了"步步高"，陈永明（后来的 OPPO 创始人）和沈炜（后来的 ViVO 创始人）等一众"小霸王"兄弟，也一并离职，成了"步步高"的创业骨干。

2001 年，段永平对"步步高"进行股份制改造，开始让旗下事业部独立运作。

OPPO 也好，ViVO 也好，幕后都有一个同样的精神领袖，他叫段永平。出资 3000 万成立 OPPO，由陈永明负责，"步步高"旗下原通讯事业部则独立为 ViVO，由沈炜负责。段永平积极鼓励操盘手和骨干员工入股，甚至借钱给大家作为股金，并承诺可以等公司挣钱了从红利里面扣还，如果亏损就算了。

这就是段永平的格局和胸怀。这种格局演变到最后，到了一种什么境界？

如今，段永平只占 OPPO 不到一成的股权，占 ViVO 大约两成的股权，其他都由陈明永和沈炜（也都只占一成左右）及公司的核心团队和员工所持有，从股权关系上，段永平不再是控股股东，也不过问具体经营事宜，只充当"精神领袖"的角色。

而这两家企业不仅没有倒闭，反而是将蛋糕越做越大。相对而言，任正非做得更彻底。

华为创立之初，任正非就设计了全员持股制度。根据员工的表现和工作年限来决定分红数额，我们看到华为的骨干员工和老员工的离职比例极低，就是因为工作年限越长、贡献越大、职位越高，分红也就越高。

在过去的三十年里，任正非坚持将股份分配给所有员工，在这个过程中，自己的股权逐渐被稀释到 1.4%，哪怕将来有一天任正非退休了，也不用担心华为会垮掉，因为是全体员工持股，他们才是大股东，绝不允许企业倒闭，而华为轮值 CEO 的模式则保证了新老操盘手的交替和平稳过渡，确保企业基业长青。

无论是马化腾、段永平还是任正非，他们都已经悟到了财富的真谛，都是在践行真正的企业家精神。

通过分配制度改革和股权改造，让团队和员工一起分享企业的成果，打造一群利益共同体和同盟军，大家共同分担、一起打拼，将蛋糕做大，将企业做强远比创业者一人绝对控股，让员工为自己打工，最终只是小打小闹要好得多。

这其中考验的正是创始人的胸怀和格局。

大创始人，有格局，股份越做越小，企业越做越大，利润越做越高。

小创始人，格局小，股份越做越大，企业越做越小，利润越做越低。

◆ 打造合伙人事业制

国内的中小型企业都存在一个问题，也可以称为通病——除了创始人之外，整个公司只有员工，没有合伙人。

什么是合伙人？一个人不拿工资也能为你做事、承担风险。什么是雇员？一个人拿工资，但不会切你的蛋糕，分你的股权。当你需要将某个业务全盘交托出去，你需要合伙人；当你需要将某个具体的任务分配出去，你需要雇员。合伙人一定是公司股权的持有人，合伙人也可以是公司创始人和联合创始人、核心员工、外部顾问、投资人。合伙人既要具备创业能力，又要具备创业精神，能够在一个相当长的时间内，全职投入创业公司。他是公司最重要的人和最大的贡献者。

合伙人之间，负有彼此的责任和义务，一个合伙人的行动会直接影响到其他合伙人，他们之间是一种长期性强关系的深度绑定。除此之外，他们还要表明这样一种态度——共进退、同荣辱。合伙人是创业路上出生入死的同盟军，一起抵御风险，分享收益。

如果创始人仍然用传统企业的雇员心态对待员工，那么很难留住人，甚至还会给自己培养一个强劲的竞争对手，尤其是那些能够接触到核心资源，掌握核心业务的员工，一旦他们摸清你的模式，很可能就会另起炉灶了。

没有合伙人，就没有人和你共担风险。电影《心灵捕手》里有段对话，值得每个人深思。

你有灵心伴侣吗？

我有……

说清楚点。能够和你匹敌的人。

我有查克。

不是，查克是你的家人，我讲的是触动你心灵的人。

我有……

谁？

有很多。

说出来。

莎士比亚、尼采、福斯特、奥康纳、康德、洛克……

真正的伴侣是那些可以跟你较劲的、能够毫无保留与你沟通的、可以触动你心灵的人。除了爱人，只有合伙人才有这种意愿，才有这个资格，才有这种能力。只有这种人才能在紧要关头跟你一起反败为胜。

徐小平曾说："我经常说一句话，我为了我的10%（新东方占股）而战。当然，我是爱俞敏洪的。如果我们不是合伙人，如果新东方的利益不把我们捆绑在一起，如果仅仅是为了新东方培养人才的理想，我早就去团中央或红杉了。正是因为我们的利益捆绑，我们才能在每一个艰难时刻一起挺过来。"

有了合伙人，才能有同盟军、共同前行的伙伴，一起"爬雪山""过草地"，出生入死。当然，作为回报，创始人要让合伙人享受到对等的收益。

合伙人管理模式必须将利益分配、福利待遇、晋升发展与合伙人品牌分账户挂钩，建立科学的价值创造和利益分配体系，将短期利益和长期利益（晋升、加薪、分红、虚拟股份激励等）结合起来，培养员工合伙人精神，提升组织竞争力。

建立合伙人机制，不仅仅能够让员工告别打工心态，还能带来一连串的后续积极效应：

第一，提升组织执行力。通过合伙人品牌管理激励系统，能培养核心员工的事业心，主人翁精神，能使得公司制度和文化有效落地。只有让核心员工、核心团队操心，才能让创始人放心。

第二，提升员工忠诚度。合伙人机制可极大地提高员工忠诚度，提高工作效率。据统计，建立合伙人机制，可使员工工作效率至少提升20%，减少冗员，挖掘员工的智慧，提升员工奉献精神。

第三，大幅度提升公司利润。建立科学的价值创造体系和利益分配体系，激发员工不断地提升业绩，提升收入，从而提升公司利润。

第四，成就员工，解放创始人。通过利益捆绑，让员工变身为合伙人，使其自动、自发地为个人利益而战，不再需要创始人的监督，使创始人把更多的时间和精力放在其他重要的事情上。

我们也可以用以下等式来描述建立合伙人机制的重要性。

核心骨干成为事业合伙人＝公司党组织

核心骨干成为事业合伙人＝公司先锋队

核心骨干成为事业合伙人＝代表先进的文化，先进生产力，公司的利益

核心骨干成为事业合伙人＝公司利润

如果有这样一项制度，既能让员工受益，又能让公司成长，这样的双赢局面，企业领导者和团队带头人何乐而不为呢？

具体来说，合伙人机制主要有以下 7 种类型。

1）项目跟投合伙人

常见的万科模式就是这种类型，即分公司核心团队跟投项目，员工出资比例控制在 5%，不同级别员工投资限额。这种模式属于临时投资型合伙机制，项目结束，合伙人团队解散。所以，激励效果有限，容易造成员工产生投机行为。

2）干股分红合伙人

对于高级人才奖励合伙人股份，包括研发类骨干人才、销售类骨干人才、核心管理骨干人才等。这种操作模式只聚焦高层员工，对于中层和基础骨干的激励不足，失败率很高，激励效果有限。

3）小湿股合伙人

公司分配一定额度的分红权，作为合伙人奖金池，让核心员工出资购买分红权，员工离开后合伙人股份自动失效。这种操作模式容易使员工坐享其成，搭便车，产生内部不公平的现象。所以，激励效果有限，失败率最高。

4）连锁加盟合伙人

这种模式适用于连锁药店或医院、连锁幼儿园、连锁服装店、连锁地产中介、连锁培训机构。要让店长与核心骨干员工成为公司合伙人，公司为优秀的合伙人设立合伙人虚拟股份或创业基金，有利于公司留住人才和公司业务扩张。

5）品牌资源平台合伙人

分公司在事业部做合伙人变革，成为核心员工和管理团队，做一个事业合伙人，公司作为平台，提供品牌和资金支持，统一战略方向，合伙人与公司共担风险，共享利益。

6）销售渠道合伙人

电商时代，大区域代理商必死，碎片市场垂直渠道代理才是出路。创始人必须让核心销售人才（大区销售经理）作为公司区域合伙人，取代大区代理商直接服务碎片垂直市场客户，让核心销售人才成为合伙人，让销售人才在公司平台创业成为小创始人是变革的必然趋势，这样做能引爆员工动力，公司业绩倍增!

7）全员合伙人

目前最先进的合伙人操作模式是员工不必出资，但必须出力，采取华为工分制的优化工具——品牌分衡量员工的业绩贡献和文化贡献，根据贡献品牌分奖励合伙人虚拟股份。中小型企业适合建立全面的激励系统，建立全员合伙人制度，实现五级合伙人，从而为公司创造更多的利润。

第3节
企业机制分配三部曲

◆ 涨工资：把财发出去才能发财

在任正非看来，华为是"三高"企业：高效率、高压力、高工资。他坚信，高工资是第一推动力，重赏之下必有勇夫。

史玉柱也认为给员工高额工资时，实际成本是最低的。他说："在人才面前，若你比其他竞争对手给出的工资高一截，一年之后你回过头来看，你所获得的利润远远高于你所付出的成本，企业最高的成本不是给合格员工发高工资，而是还在给大量不合格员工发低工资。"

史玉柱从一夜负债数亿到东山再起，身价上百亿，同他的"敢分钱"想法有直接关系。

你想让员工忠心、敬业，让他们拼命地为你工作，却又舍不得付出，不懂得加大力度去拉拢，又怎么可能会如你所愿呢？

企业分配机制改革的第一步是涨工资，什么是发财？创始人把财先发出去才能发财。

【案例】

"胖东来"：工资最高的时候成本最低

国际连锁企业管理协会称："在河南的三线城市，一家名为'胖东来'的商贸集团公司，在当地市场占据绝对优势。在许昌、新乡这些地级市，只要是'胖东来'入驻的地方，世界巨头沃尔玛、家乐福都难以立足。"

2008 年年中，大连大商总裁在郑州改革开放 30 周年商业企业高峰论坛上说，"今天我不想讲大连大商，就想讲讲'胖东来'现象。这么多年来，我没有见过像'胖东来'这么赚钱的公司，你见过人排队吗？见过汽车排队吗？见过电动车排队吗？烈日炎炎下，妇女顶着太阳，打着遮阳伞，推着电动车排 15 分钟，前面出去一辆，这边才能进去一辆，方圆一公里之内都没有商店，人家就在这一棵树上吊死。汽车也是这样，一到周末整个街都封路，不管是许昌，还是新乡。前几年如此，现在还是如此，不服不行！"

进入"胖东来"的门店，有什么不一样呢？最明显的是你所看到的营业员全都笑逐颜开，跟其他地方营业员那种常见的职业性微笑不同的是，他们是发自内心，让顾客如沐春风，感觉很舒服。

"胖东来"的营业员称呼顾客没有不喊哥不喊姐的，看到抱孩子、提东西、上下楼梯的顾客，马上会有人出来相助。超市内部，做清洁工作的阿姨，竟然跪在地上拿毛巾擦地，旁边还有一个配合着拿扇子扇，两人有说有笑，高高兴兴地就把活干了。有人问她们是老板这样要求的吗，她们说不是，那是为什么呢？她们的答案是——因为这样擦得干净！什么情况下，人们会以这样的态度来干活，只有在家里，给自己干活，给自家擦地的时候，才会如此精心，才会这样负责啊！

我们的员工也许也能做到这一点，但他们很可能是畏于公司制度、迫于上级压力，咬着牙这么干。对于工作，是自动自发还是制度所迫驱动，其带来的结果是不一样的，员工的工作状态是不一样的，更重要的是，他们给顾客的感受是不一样的。人都这样，你对他们是真心相待还是外热内冷、虚情假意，大家是能够体味出来的，这就是差距，这种差距有时候是难以逾越的鸿沟。

什么人会像"胖东来"的员工一样认真负责？答案是：家里人。

所以说，企业创始人或带头人最重要的工作就是带出一批像自己一样操心、一样负责的员工。

员工为什么会为你的企业操心？因为这事和他有关系，和他自身的利益切身相关。不操心，自己的经济利益就没有保障，甚至被切断；操心了，企业盈利，自己得到的利益也就多了。

这就是"胖东来"的管理逻辑，让员工切实得到实惠，得到收入，因此"胖东来"的员工收入相当可观。

作为同行，大连大商总经理的年薪是多少，通常是28万元，最高也不会超过50万元。你猜猜"胖东来"一个店长年薪多少？100万元！是大商总经理的三四倍，这只是个店长。再看看其他管理人员的收入。

副总、总监级别：年收入50～80万元；

处长：如生鲜处、百货处、采购处等：年收入30～50万元；

课长：管5～20个人：年收入10～30万元。

我们看，一个小小的"胖东来"课长收入都赶上大商的总经理了。这意味着什么，意味着"胖东来"不仅有创始人，有店长，还有数十个拿着相当于同行总经理收入甚至更高的课长、处长、总监、副总在为企业操心。这种操心，我相信绝对是发自内心的，他们希望企业做好、做强的心情甚至比创始人都迫切。因为，一旦企业亏损甚至倒闭，他们的收入就得不到保障，乃至失业。失业了，再想找同等收入的工作，难于登天。

在"胖东来"，一个清洁女工能拿多少钱？2200元，三险一金。要知道，当地这个职位的报酬一般在600～800元，这也就不难解释，为什么"胖东来"

要招 50 名女工竟然有 5000 人应聘的罕见景象，都快赶上公务员招聘了。

在很多企业，一些中高层管理人员通常会由于上升空间的问题，要么选择跳槽，要么选择创业。"胖东来"的高管们会这样选择吗？一个"胖东来"的高管仅用十年就可成为一个千万富翁。"胖东来"高管的待遇是一人一辆车，一人一栋别墅。你说他们还会胡思乱想吗？就是处长、课长级别的，两三年就是百万富翁，处长助理以上全部配有汽车。

重赏之下必有勇夫，"胖东来"的高薪机制造就了一批新时代企业"勇夫"，他们像创始人一样为企业操心。

工资最高的时候成本最低，这个道理很多人可能也懂，但未必敢实施。

有一家河南的同行万德隆就复制了"胖东来"的经营模式，结果差距却越来越大，为什么呢？因为"胖东来"最核心的工资制度，他们不敢接轨。后来万德隆的创始人王献忠亲自登门找于东来指点迷津。

于东来也欣然同意，只是提了两个条件：

第一，你们的企业我代管一年，我要当董事长兼总经理，你们全都退位，我制定的任何管理规章制度都不允许改加。

第二，如果这一年出现亏损，亏多少钱，我赔多少钱。

对方一听，欣然同意。于东来的第一站到了河南南阳万德隆，他取代王献忠的位置，召集中高层会议。大家翘首期盼的企业改组英雄竟然穿着大裤衩、大汗衫来了，不过，于东来的第一句话就把大家给镇住了，他说："你们老王让我给大家涨工资来了。"于东来所言的涨工资，绝对是真材实料：理货员的工资上涨 70%；中层干部的工资上涨 150%；店长的工资上涨 200%。

于东来过来的时候还带了一张 200 万的支票，给 20 个店长每人配了一辆车，并规定：第一，只要干过 6 年，6 年以后如果辞职可以把车带走，6 年以内车留下；第二，取消万德隆所有罚款制度。

散会后，员工们如沐春风，个个笑得合不拢嘴，财务总监（王献忠的妹妹）和王献忠对于东来的决定既诧异又有些生气。王献忠后来想到当初二人的约定，反正赔的钱算于东来的，也就不管了，由他去折腾。

结果如何呢？万德隆当月销售提升40%，一年下来，企业获利1000万元，销售额竟然提升了25%。谁也没有预料到，重赏之下的员工意有如此巨大的潜力。

杰克·韦尔奇说："工资最高的时候成本最低。"我们不仅要考虑到会计成本，还要考虑到机会成本、人的成本。比如说，"胖东来"一个店10000平方米，100名员工，10000种商品，销售额2000万元，如果店长年薪10万元，在河南南阳算高工资，他一定会认认真真履行职责，踏实工作，按时按量，让创始人挑不出毛病，团队带得好，产品经营得好，但是，他心里会不会甘心呢，有没有想跳槽、创业就不得而知了。

如果这个时候，有人用他15万元挖他，他可能会动心，但是不会走，因为愧对于培养他、重用他的创始人。但如果对方将价码开到20万元、30万元呢？他可能就心动而且行动了。

于东来直接开到100万元，店长心里肯定是一阵狂跳，心想老板如此厚待我，那只有当作自己的事业回报老板了。于是，他就会全力以赴潜心研究100个员工，研究如何调动他们的积极性。甚至还会去潜心研究产品的销售数据，以及各种商品的缺货、补货，促销等问题。他的状态就会完全不一样。一个认真负责的人，跟一个全力以赴的人，其工作成效绝对不可同日而语。

通过胖东来的经营模式，我总结了两套机制：

第一，满足员工的基本物质需求，解除他们的后顾之忧，让他们能够体面地生活，他们就不再把心思放在找工作上了，就会安心，这是安心机制；

第二，让一部分员工先富起来，把核心员工变成小创始人，其他人舍不得走，他们就不再把心思放在找工作上而是放在创业上，就会操心，这是操心机制。

企业领导者在抓梦想的时候，也不要忽略了收入。

◆ 给分红：全员分红比直销还恐怖，比传销更可怕

有的企业在正常的薪酬之外，推行全员分红制，分酬按劳，分红则按利润，其中薪酬是企业人力成本的组成部分，而红利则是经营的税后利润，全员分红则是企业从经营红利中酌情提取一部分，结合绩效考核，按比例奖励到每一个员工身上。既然是全员分红，就要覆盖到企业所有成员，哪怕是扫地的员工也不要遗漏。

全员分红让创始人爱恨交加，恨的是给员工分红无异于从自己身上割肉，爱的是一旦他们品尝到全员分红的"甜头"，就会乐此不疲地投入到工作中。全员分红能够从人性的角度根本性地解决企业运营管理的诸多难题。

第一，借分配制度解决人力资源难题。企业人力资源管理都会面临引人、考勤、绩效、贡献界定、团队配合、工龄评估、劳动关系稳定等难题，如果在这些领域中导入分红要素，则会使上述难题迎刃而解。

第二，让员工自动自发，为自己的利益而战。世界是物质的，人首先是物质的，你的员工更是彻头彻尾的"物质动物"。全员分红机制能够彻底调动员工积极性，实现自动自发，打造自动运转的组织，真正实现以人为本，全员发展、全员获利的目的。

第三，激发全员的"节约、创收"意识。全员分红多是基于企业利润，或是利润的增加额，有了利润，才能谈得上分红，从而充分调动全体员工的创收意识、利润意识、节约意识，这恰恰是员工主人翁精神的最佳表现。传统的企业教育手段难以培养这种意识，而全员分红制则能够"无心插柳柳

成荫"。

全员分红制鼓励多劳者多得、多创收者多得、多创利者多得、多节约者多得。这种机制下，创始人不用再挖空心思去讲什么大道理，物质（分红）会决定员工的意识和行为。

第四，有效解决企业运营的诸多难题。在不同时期和发展阶段，企业会遇到不同的难题和问题，如人力资源紧缺的问题、营销的问题、利润的问题、研发的问题、销售的问题。针对各个阶段的具体难题，可将之同全员分红的考核机制结合起来作为重点的考核因素，加大激励筹码，实现重点攻关。通俗来讲，就是创始人最在乎哪个板块、哪个环节、哪个问题，那么就加大其在分红考核中的分量和筹码，以实现"重赏之下必有勇夫"的效应。

聪明的创始人懂得全员分红不是在割自己的肉，而是在割企业增量的肉，他们深知"有了永远的利益才有永远稳固的劳动关系"，自己能够让多少人占便宜，就会有多少人死心塌地跟自己走。

科学合理的全员分红机制，比直销还恐怖，比传销更可怕。在这里介绍两种能充分激发员工正能量的全员分配制度。

1. 增加式分配机制

（1）困境：企业业绩徘徊不前，很难提升，创始人干着急，员工不上心。

（2）原理：员工付出正常努力只能收获正常收入，如果付出超常努力，则可获得超额回报。

（3）实操：设定一个任务基数，超出基数的部分按一定比例提取给员工。

（4）备注：

• 分成给员工的部分占超出部分纯利润的比例越高，越能激发员工的积极性和干劲；

• 最好是每天分配，当然是财务记录层面的；

• 此机制适合所有企业；

- 创始人必须心胸开阔，要有大格局，敢于分钱。

2. 减少式分配机制

（1）困境：企业运营成本居高不下。每个人只关心自己的"一亩三分地"，缺乏对整个企业组织的责任心。

（2）原理：用分配机制来提升运营效率，降低成本，实行末位淘汰制。企业缺的不是人才，而是出人才的机制。

（3）实操：

- 设定一个成本基数，将每月成本降低的部分，拿出一定比例分配给当事人；
- 就某一部门、某一项目组定人员基数，让其内部优胜劣汰，把省下的淘汰人员底薪提取一定比例分配给留下的人员；
- 对于初创公司，设定一个收支平衡的时间表，然后把少亏损的部分，按一定比例分配给团队。

（4）备注：

- 成本降低的部分应拿出至少一半用来激励员工；
- 此机制适合所有企业。

◆ 分股份：为公司发展注入核动力

在深圳华为总部有一间神秘的密室，密室中的玻璃橱柜中放置了十本厚厚的蓝色册子，这些册子里记录着八万余名华为员工的姓名及其他个人信息，据英国《金融时报》报道，这些员工持有华为99%的股票。

华为实施的全员持股制让员工的人力资本同企业的命运紧密关联起来，形成良性互动、良性循环。员工获得股权，参与公司发展，享受公司分红，实现了公司发展和个人财富增值的双重成长。

华为的员工持股制在法律层面受到保护，《华为基本法》中有这样的条款：

- 华为主张在顾客、员工与合作者之间结合利益共同体。
- 努力探索按生产要素分配的内部动力机制。
- 利用股权的安排，形成公司的中坚力量和保持对公司的有效控制，使公司可持续成长。
- 我们实行员工持股制度。一方面，普惠认同华为的模范员工，结成公司与员工的利益与命运共同体。另一方面，促使最有责任心与才能的人源源不断地进入公司的中坚层。
- 我们实行按劳分配与按资分配相结合的分配方式。

事实证明，全员持股是华为获得可持续发展和巨大成功的最主要原因。

股权激励是企业机制分配的高级阶段，直接给员工分股份，也是衡量创始人格局和胸怀的最高准绳，因为，从某种意义上讲，股权是企业的最高命题，完善的股权分配机制是实现企业家经营梦想的终极王牌，它是使员工发自内心地忠诚奉献、主动承担责任的真正动力源头。

【案例】

小创始人的股份制改造

这是一个创始人的自述：

"我在 2002 年创业，以前是一个非常传统的开工厂的小创始人，和现在完全不一样，这个变化也是近两年的变化。

我先讲一下 2004 年发生了什么事情。那一年，我们刚创业两年，公司还比较小。我们的营销总监突然离职了，我怎么留都留不住，后来才知道他在外面成立了一间跟我一模一样的公司。那个时候我很伤心，甚至有些恐惧。

实际上，很多公司都会出现这样的事情，但他是很关键的一个人，因为当时，我们国内 80% 的营销工作都是他的团队负责。所以他觉得我没有什么了不起，利润都是他创造出来的，但只是一个打工的，所以他离职成立了一家公司。

由此你会发现遇到这种事情，比你遇到一个非常强大的对手还要可怕。

为了不让这种事情再次发生，我想我要创造一种制度，如果按原来的做法成立一个车间把它做出来就是了。但是因为发生了这件事情，我就在想，能不能利用这个项目把我们剩下的几个高管给团结起来？

我就把他们几个叫过来跟他们说，我们投了 50 万元成立了芬尼克兹，也挣钱了。大家千万不要小看 50 万元，50 万元创造了很多伟大的公司，比如说阿里巴巴。最后，在 6 个人中有 4 个同意了我这个方案。其中有一个人投了 10 万元，我就让他当了总经理，另外 3 个人各投了 5 万元当股东。剩下两个人始终不加入，这两个人后来后悔了一辈子。在我的印象中第一年做了 400 多万元的业务额。实际上是一个很小的业务，但是利润大概有 100 多万元。到年终的时候怎么分钱？当时我就想让那两个一直不加入的人后悔一辈子，所以我就决定至少给其他人分一半钱，最终大概给他们分了 60 万元。此后，我们利用这个机制创造了许多奇迹。

这个方法使你的投资成本降低许多，这对所有的投资人都是有好处的，而且员工投入资金以后，他会拼命地工作。"

普通员工和股东的区别，这个案例讲得很清楚了。

"有恒产者有恒心，无恒产者无恒心"，赋予员工股权，使其变身为股东，同企业命运休戚与共，可有效调动其积极性，实现企业组织自动自发运转，最大限度地激发人力资源潜能，其威力堪比核动力。

一人股东制，一个人为企业操心；多人股东制，多人为企业操心；全员持股，全员为企业操心。将雇员变成股东，不仅为公司发展注入核动力，还会给企业带来核裂变式的成长。

　　当然，股权激励也不是万能药，给股就灵。实际上，股权机制本身就是一把双刃剑，用好了，它是企业发展的核动力，堪称公司核能；搞砸了，它就会刺向自己，伤害到企业。

第4节

实现利益关联者共赢

◆ "股改"核心：从经营产品到经营人才

创始人最大的担心莫过于亲自为自己培养竞争对手，这同时也是最大的悲哀。一旦核心员工学有所成、羽翼丰满，又不能从创始人身上争取到自己想要的利益，他们就极有可能跳槽到竞争对手公司，甚至另起炉灶。如果是原则性比较强的人会恪守竞业禁止原则，而道德底线低下者，则会成为创始人的敌人，分食行业蛋糕。

但是，这种状况的发生不能全归责于员工，人都有趋利性，员工主张利益无可厚非，如果创始人不能从利益上满足他们的需求，双方的分道扬镳是迟早的事情。

创始人和员工是一种对立统一的关系，也是一种筹码交换的关系，随着员工能力、经验和业绩的不断提升，双方之间的筹码也在此消彼长，因此创始人在必要的时候要予以让利。只有跟核心团队和骨干员工实现紧密的利益捆绑，才能获得取更多的财富，打造更稳固的雇佣关系。

干活的人不能多劳多得，企业一定会萎缩。而企业股份制改造的核心就在于将对人力资本价值的重视提高到空前的高度，实现从经营产品到经营人才的思维转变。

【案例】

乔致庸的股份制改革

电视剧《乔家大院》是根据真人真事改编的历史剧，描写的是一代晋商乔致庸弃儒经商闯天下的奋斗历程。

在乔致庸旗下的复字号有一个特别能干的伙计马荀，突然向东家递交辞呈，乔致庸看其是个人才，不愿放他走，又不明就里，于是就请教"师爷"孙茂才。

孙茂才的一番解释让乔致庸豁然开朗，原来，学徒进入商号一般要经过四年的学习、历练，方可出师。让东家们头疼不已的是，学徒出师后一般都会选择离开，尤其是那些才干突出者，他们要么由于不满待遇而自行辞职，要么被其他掌柜高薪挖走。所以，票号人才流失在当时是一个相当普遍的问题，东家尽管不情愿，却也无可奈何。

乔致庸惜才，为了挽留马荀，就设宴款待，在饭桌旁面对东家的邀请，马荀不肯落座，他称："这是店里的规矩，掌柜们吃饭，伙计们都得站着。"这一细节，让乔致庸更加欣赏马荀的人品，同时也说明了伙计与东家之间的尊卑鸿沟。

酒桌上，马荀借用《史记·货殖列传》中的"天下熙熙，皆为利来"道出了自己想要离开的真正原因，他解释说徒弟出师后往往都要离开，因为别的掌柜给的薪酬更高。或许是心里不平衡，马荀同时提出了掌柜很少辞职的两个理由：

首先，掌柜的薪酬很高，一人能抵上十几个甚至几十个伙计的收入；

其次，掌柜有身股，而身股到了分红的账期，又可以得到丰厚的红利；

最后，马荀很是憧憬地说，如果自己也能得到这些银子和分红，那么一家老小的吃喝用度就不用再发愁了，还能买房置地。

了解内情后，乔致庸做出了一项破天荒的规定：今后学徒满四年出师后，愿意留下做伙计的，一律给予一厘身股。如果相应账期的分红总计 1000 两的话，那么一厘身股可以得到 100 两银子的分红。

此招一出，效果立竿见影，马荀的辞职风波得到化解，还稳定了其他伙计和学徒的心，彻底地留住了人才，得到身股的伙计们无不为东家的生意殚精竭虑，此后，乔家的买卖愈加蒸蒸日上，这与东家的分股、伙计的齐心协力是分不开的。

乔致庸通过身股制改革，实现了同伙计们的紧密利益捆绑，保证了伙计的忠诚，从根本上避免了优秀人才流失的问题。企业之间的竞争，从某种程度上讲，就是一场人才争夺战。如何抢夺人才，最彻底的方式就是进行股权捆绑。

李彦宏创业前，在美国就是一个公认的技术高手，据说在引擎技术方面，他在全世界可以排前三。1999 年，李彦宏拿到第一笔 120 万美元的风险投资后，所做的第一件事就是网罗国内各领域的顶尖人才加入自己的团队。他先后邀请国内第一款搜索引擎——北大天网的研发者刘建国、用友公司原副总裁朱洪波、普华永道的亚洲区合伙人王湛生、凤凰卫视的著名节目主持人梁冬加入自己的高管团队，这些高管不仅有高薪，而且有股权。

据悉，雷军当初为了邀请一个硬件工程师加入小米的创业团队，连续跟他谈了十个小时，对方都快虚脱了，最终成为了小米的合伙人。那么，双方都谈什么了呢，除了公司前景，我想最核心的应该是未来的利益分割和股权划分。

而雷军显然不乏这种分股、分利的格局，小米合伙人曾说："雷总创办小米的时候，心态很平和、很开放。在做小米之前，他是中国著名的天使投资人之一，不缺钱也不缺名。不管大家相信不相信，他做小米是梦想驱动的，他想做一个足够伟大的公司，一件足够伟大的事情。所以在这种时候，从合伙人到我们的核心员工，都给了足够的利益上的保证、授权和尊重。"

再看蔡崇信，他是拥有多年华尔街工作经验的瑞典银瑞达集团的副总裁，当时他从香港飞赴杭州会见马云，原本是为了投资阿里巴巴，而在和马云深入交谈了一番后，这个拥有耶鲁大学经济学及东亚研究学学士学位、耶鲁法学院法学博士学位的中国台湾人，竟做出了一个让人感觉很疯狂的决定——他要放弃 70 万美元的年薪和副总裁的职位，加盟阿里巴巴，拿 500 元的月薪。我们知道这只是让人津津乐道的表面现象，事实上，马云给予了蔡崇信丰厚的股权许诺。截至 2016 年 3 月 31 日，经过无数轮稀释后，蔡崇信在阿里巴巴的持股比例依然有 3.2%，从绝对值上看不是很高，但乘以阿里巴巴的天价市值，那就是一个天文数字了。

这些企业都不是做大、做强之后才开始进行股权激励的，恰恰相反，他们是通过股权激励一步步将企业做大，通过股权赋能留下了核心的顶尖人才，从根源上避免了"走了人才，留下庸才"的情况。

赚小钱靠个人，成大业靠团队。企业股改和股权激励的核心出发点在于颠倒梦想，将创始人个人梦想转化为核心团队和骨干员工的梦想，这样大家才能同舟共济，为共同的梦想而战。

◆ 财富是设计出来的

企业的本质就是创始人搭建一个平台，聚集一群人，完成一件事，然后再分名、分利。那么如何分名分利呢？答案是创始人需要设计一套科学的分配机制，以调动全员积极性。

我们知道邓小平总书记设计的改革开放政策，让中国经济持续数十年高速增长，其核心就在于让全体国民一直保持积极向上的动力。

不论是老板获利，还是企业持续发展，都离不开一个核心——设法调动全员积极性。那么如何激发员工的积极性呢？

这同样需要借助机制，而非人治。当员工的任何一个行动、一个目标背后都有一套合理的机制在推动时，他们就会迸发出无限的潜能。

员工的工作常态是在全力以赴，还是在全力应付，皆取决于企业的运营机制，机制设计好了，即使创始人每天不来公司，员工依然会全力以赴，创始人才能"坐享其成"，轻松赚钱。

股权设计是公司分配战略的重中之重，是公司前进的发动机。做好股权设计是创始人治理好企业的新思路，是一项令企业基业长青的艺术。

需要再次提醒的是，股权激励是一把双刃剑，股权机制设计好了，企业会所向披靡，若设计不好，很可能会伤及自身。

【案例】

（一）"真功夫"的股权设计隐患

1994 年，潘宇海出资 4 万元，姐姐潘敏峰和姐夫蔡达标也出资 4 万元，在东莞长安镇开了一家 168 快餐店，其中，潘宇海占 50% 的股份，姐姐和姐夫各占 25% 的股份。初期，三人各司其职，潘宇海掌控全局，姐姐负责收银，姐夫则负责店面扩张。

1997 年，"真功夫"（168 快餐店先是更名为"双种子"，后定位为"真功夫"）攻克了中式快餐的标准化难题，开始大举扩张，在全国开设连锁店。蔡达标负责店面拓展，他的重要性日益显现，对企业的贡献也越来越大。

到了 2003 年，企业经营的主导权渐渐到了蔡达标手中。2006 年，蔡达标夫妇离婚，妻子手中 25% 的股权也转到了蔡达标手中，至此，"真功夫"剩下的两大股东每人各占一半股份（股权划分的大忌）。

2007 年是"真功夫"发展过程中的一个重要节点，今日资本和中山联动两家投资机构计划向"真功夫"各投 1.5 亿元，分别占股 3%，根据这个比例，"真功夫"的估值已高达 50 亿。相应地，引入资本后，原股东蔡达标和潘宇海的股份将统一被稀释为 47%。

两家投资机构主要是投蔡达标这个人，他们进入后，大力支持蔡达标，潘宇海则逐渐被边缘化，甚至于同潘宇海关系密切的一些内部中高层管理人员，也都被以各种形式劝退。

此举激怒了潘宇海，原本和谐的股东关系被打破，其后，公司财务上的一些重大运作，都开始有意无意地对潘宇海进行隐瞒。

2009 年，潘宇海以"大股东有矛盾"中止了"真功夫"向银行的贷款申请，当年 7 月，"真功夫"股东之间矛盾激化，潘宇海向法院起诉，请求查封公司的财务报告及账册，要求履行股东知情权。

2010 年 2 月，法院做出判决，认定"真功夫"不允许大股东（潘宇海）查账的行为属于违法行为，并责令"真功夫"配合潘宇海委托的会计师事务所进行账目审计。

查账后，发现公司财务问题的潘宇海向公安机关报案，经过公安机关侦查，证实了蔡达标等人涉嫌挪用资金、职务侵占等犯罪行为。后经广州市人民检察院批准，于 4 月 22 日对蔡达标等 4 名嫌疑人执行逮捕。

2013 年 12 月 12 日，广州市天河区法院认定蔡达标职务侵占和挪用资金两项罪名成立，判处其有期徒刑 14 年。

潘宇海重新出任"真功夫"董事长，同姐姐潘敏峰重获公司控制权。

（二）"海底捞"成功解决"世上最差股权结构"

1994 年，张勇和其他三个伙伴在四川简阳开了一家火锅店，店面很小，只有四张桌子。其中，负责店面经营的张勇没有出一分钱，其他三人共同出资 8000 元，四人均分股份，各占 25%。充满戏剧性的是，后来这四个年轻人结成了两对夫妻，于是两个家庭各占 50% 的股份。

这个火锅店就是今天大名鼎鼎的"海底捞"的前身。

随着企业的不断发展，"海底捞"董事长兼总经理张勇，认为其他三人已经跟不上企业的发展新形势，就果断将他们从企业先后劝退，只做股东，参与分红，不再过问企业经营的具体事宜。

为了服人，张勇首先拿自己的爱人开刀，让她先离开公司。2004年，施永宏的太太也离开公司。2007年，"海底捞"进入发展的快车道，同年，施永宏也被劝退，从公司离开。

更令人匪夷所思的是，张勇不仅成功将其他三名合伙人"赶出"企业，竟然还以原始出资额的价格，几乎是零代价从施永宏夫妇的手中购买了18%的股权，这样，张勇夫妇手中就拥有了68%的股份，成为绝对控股股东。

对此，施永宏的解释很是耐人寻味，他这样说："不同意能怎么办，一直是他（张勇）说了算……后来我想通了，股份虽然少了，赚钱却多了，同时也清闲了。还有，他是大股东，对公司的事务会更加上心，公司也会发展得更好。"

这种结局，不论是出于张勇强势也好，还是得益于施永宏的大度、豁达与忍让也罢，总之，"海底捞"成功优化了"世上最差股权结构"，消除了股权纠纷的隐患。

世上最差股权结构莫过于股东平分股权，它会给企业日后经营埋下严重隐患，创始人一定要在股权设计阶段极力规避。

在公司发展的不同阶段，创始人（股东）都会面临如下公司股权架构设计问题。

（1）合伙人股权设计。各合伙人在确定合伙创业的第一天，就会面临股权架构设计问题，要做好充分的准备。

（2）天使融资股权设计。在公司发展初期，往往需要引入外部天使资金，股权架构设计问题也尤为重要。

（3）员工股权激励机制设计。在公司成长阶段，为了激励团队和骨干员工同公司一同长期坚守下去，股权架构设计的好与坏，决定着你的公司能否做大、做强；

（4）股权融资机制设计。随着公司的不断成长，创始人需要招兵买马、跑马圈地，加速发展，那么资金短缺的问题随之而来，更有甚者顺次引入 A 轮、B 轮、C 轮投资人，这中间都会面临股权架构重新设计的问题。

（5）企业联盟股权设计。公司足够牛，体量足够大时，就需要把大公司做小，进行对外投资、关联企业和企业联盟，这也会面临股权架构设计问题。

企业股权模式不是一成不变的，股权设计会伴随企业运营过程的始终，如何进行贴合自身的股权设计是创始人的必修课。

从某种程度上讲，钱不是赚来的，而是设计出来的。

◆ 确定股权改革的目的

股权改革是既得利益的再次分割，因此一定要具有明确的目的性，不可随意而为。股权设计本身不是目的，目的是通过股权激励机制来将公司创始人、合伙人、投资人、管理团队和员工的利益紧密地捆绑在一起。

创始人进行股权设计，不是为了赶潮流，而是要有明确的目的性，股权设计的目的主要有以下 4 点。

1）维护创始人控制权

注意此处讲的是控制权，而非控股权，二者并非一个概念。尤其是对于一些新兴的、需要大量融资的企业，往往会随着多轮融资的推进，创始人的股权会被不断稀释，逐渐失去控股权，但这并不意味着同时失去对公司的控制权。

在这种情况下，创始人要做好相应的机制设计，确保自己在失去控股权的情况下依然能够具备掌控公司的权利，如京东、百度、阿里巴巴、腾讯等，其创始人虽无控股权（刘强东持有京东 16.2% 的股权、马云在阿里巴巴的股权只占 8%、马化腾只持有腾讯 10% 的股份、李彦宏持有百度 17% 的股份），但对公司却有牢不可破的控制权。

如果股权设计失败，那么创始人失去的不仅仅是控股权，还有对公司的控制权，甚至被赶出公司。王石失去对万科的控制权就是一个负面案例。

2）凝聚合伙人

没有合伙人意味着在创业的路上没有人与你风雨同舟、出生入死，一人老板制的模式也不能说不好，作为法人代表，一人全权拥有公司，大权在握，不用考虑合伙人的意见和态度。如果不考虑公司发展和成长，不考虑业务的持续萎缩，这种模式确实不错，一人说了算，多么悠哉！

问题是在这个高度竞争的商业世界，创业之路无比艰辛，只有抱团发展、优势互补才能在商业丛林站稳脚跟，只有寻找伙伴，结伴而行，披荆斩棘，过关斩将，方能够实现你梦想的二分之一、三分之一，甚至于百分之百。

而优秀的股权设计能够规避人性的弱点，从制度的层面规制合伙人之前的权益、责任关系，将大家的优势和正能量凝聚起来，为公司建设添砖加瓦。

3）用利益留住员工

《乔家大院》马荀的案例告诉我们，留住人才的最佳手段是利益捆绑，下策是涨工资，中策是分红，上策是发股份。通过股权设计，让员工变成股东，变成公司的主人，他们的主人翁精神自然也就会自动产生。

4）吸纳外部投资人

现代商业竞争在一定程度上是资本的竞争，谁拥有更雄厚的资本实力，谁能调动更多的资金、资源，谁就能够更好更快地跑马圈地，占领市场，做到行业老大，一骑绝尘，让竞争对手望尘莫及。相反，如果在融资上落后对手一拍的话，则会处处被动，甚至于被对手吞并。

【案例】

分众和聚众的融资战争

江南春的分众传媒和虞锋的聚众传媒是一个活案例。二者商业模式几乎完全一致，都对准了用户在商业楼宇中等待电梯时的无聊这一痛点，进入了楼宇视频传媒的分众市场。

2002年，分众、聚众相继开始了在这一市场的"跑马圈地"，背后比拼的是谁的烧钱速度更快，谁的资金实力更雄厚。

相对分众传媒，聚众传媒前两轮的融资，不论是时间还是金额，都慢了半拍、少了许多。资本的介入和支持力度直接决定了分众和聚众这对冤家的命运。分众、聚众融资对比如表1-2所示。

表1-2 分众、聚众融资对比

公司 融资	分众传媒			聚众传媒		
	时间	金额	投资方	时间	金额	投资方
首轮融资	2003年 5月	4000万 美元	日本软银	2003年 年底	6000万 人民币	上海信息 投资公司
二轮融资	2004年 4月	1250万 美元	鼎晖国际、 DFJ基金	2004年 9月	1500万 美元	凯雷资本
三轮融资	2004年 11月	3000万 美元	高盛、欧 洲3i资本			

2005年7月13日，分众传媒率先在纳斯达克挂牌上市，分众传媒得到了国际资本认可，融资总金额达到1.717亿美元，创下中国概念股在纳斯达克首发融资的新高。

对此，凯雷（聚众投资方）中国区负责人赵宁乐观地表示："我们欢迎分众上市之后把这个市场做大，做大了聚众也有机会。聚众也已经启动了上市程序，我们不会比分众慢多少。"

这个说法多少有些言不由衷，当时坊间也有传言凯雷正在帮助聚众进行第三轮融资，积极推动聚众上市。不过，后来的结果却证明，在资本市场上棋差一着、慢一步都不行。

2006 年 1 月 9 日，聚众将要上市的传闻被分众收购聚众的消息所取代。这一天，分众正式对外宣布，以 3.25 亿美元的价格收购了聚众 100% 的股权。

两虎相争，聚众被灭，尘埃落定！

在进行企业融资时，外部投资人会重点考察创业团队的股权结构是否合理，这是他们投资的一个基本前提。公司发展到成熟阶段，要进入资本市场时，无论是新三板，还是 IPO，他们都会重点考察公司的股权结构是否明晰、稳定。

股权分配具有灵活性，股权设计的目的具有阶段性，所以，如果有人跟你说股权分配有固定模式那是不可能的，因为不同的企业在不同的发展阶段，其分配方式是不一样的。

在进行股权设计时要把控一个基本原则：考虑当下目标（需要通过股权设计、股权激励解决的现实问题）、不忘中期目标（外部投资人进入、留下空间）、兼顾长远目标（IPO、上市）。

◆ 公司股权治理要回答的 6 个问题

公司股权治理结构要回答好以下 6 个问题。

1. 谁是老大

公司一定要有带头人掌控全局，才能避免出现海底捞、真功夫均分股权的局面。不论是内部合伙人，还是外部投资人，他们之所以愿意投资，都是出于欣赏领袖，都是在投资带头人。

中国的创业者和美国的创业者有一个很大的区别，在美国，通常是几个创始人合伙创业，而在中国则大多是一个明确的"老大"，大家都跟着"老大"打拼。对于一些复杂的创业项目，一个"老大"很难面面俱到，把所有的事情全都做好，通常如果几个合伙人通力合作，各自擅长一个领域，才更有机会把产品和服务的模型做出来。

徐小平在"论初创企业合伙人"的演讲会上谈道："我们回头来看失败的企业，绝大部分都有共同的特点，或者是做得非常艰难的企业有一个共同的因素，就是他们的创始人里只有一个老大，没有老二、老三，没有占两位数的合伙人。创始人要懂得分享，身边要有相关的资源。"

如何分配合伙人的位次呢？最好的办法就是股权。

事实上，公司的带头大哥，责任更重，压力更大。因此，要让更合适的人、有能力的人做大股东，其他人做小股东。公司好比一辆汽车，带头大哥（大股东）开车，掌握大方向，小弟（小股东）坐车，享受沿途的风景。

2. 谁来投资

从进入方向看，有内部投资人（创始人，合伙人，团队，员工）和外部投资人（天使投资人，风险投资等）之分。公司投资是一个双向选择，投资人在筛选公司，同时公司也要筛选投资人，考察投资人的背景和投资意图，双方"情投意合"方可"联姻"，而不是对投资人来者不拒。

从投资主体看，也分为两种形式：一是只投钱不做事（不负责公司日常经营和管理）；二是既投钱又做事（股东同时担任公司内部职务）。这一点一定要在投资协议中约定清楚，免得日后发生不必要的纠纷。

3. 谁来经营

企业的经营者是指负责企业日常运营的人员，可以是股东，也可以是聘请的职业经理人。

传统型企业通常是创始人亲力亲为，一人负责经营。比如，"娃哈哈"的"宗式打法"："娃哈哈"自创办以来，宗庆后都亲力亲为，管理高度扁平化，管理层级非常少，内部几乎没有设置副总，集团旗下各大事业部和生产基地都是直接由宗庆后负责。宗庆后集权到了什么程度？公司有时候甚至连买一把扫帚的经费都需要他去签字。

这种经营模式已经不适合新型的股份制企业，现在的股份合作型企业要么是合伙人（股东）各司其职，各自独当一面；要么由职业经理人和高管团队负责经营；或者二者合二为一，经理人和团队同时拥有股权。

4. 谁来拥有

毫无疑问，从法律角度讲，股东是企业的拥有者。但是，企业还有事实上的拥有者。我们知道，企业拥有者就是企业所有权（财产控制权）的拥有者，而企业所有权（财产控制权）属于经营者，因此企业事实上的拥有者是经营者。当然，经营者本身可能就是企业的股东，也可能是不持股的职业经理人。

5. 谁来负责

企业负责股东权益的两大机构：董事会和监事会。

董事会由股东大会选取的董事组成，对股东负责，具有公司的经营决策权，负责公司所有的对内和对外事务；监事会是公司的监督机构，用来监督董事会和经理人的活动，但并不参与公司的日常业务决策和管理，对外也无权代理公司。为了避嫌，监事会成员不能由董事和高级管理人员兼任。

董事会负责公司经营，对股东负责。监事会负责监督公司管理层的行为，也对股东负责。

6. 谁来决策

很多人存在这样一个误区：在公司里面谁持有的股份越多，谁就拥有绝对的决策权。

其实，公司决策权和股份比例是两个独立的概念。一般情况下，要按照股份比例来决定公司决策层面人员的职位和数量，但有例外情况，如通过公司章程或协商一致来决定决策权在哪一方、非绝对控股中相对股权比例大的一方的相对决策权等，例外情形比较多。

另外，全员持股不等于全员决策。比如，华为风行的是全员持股制，但在企业决策上实施的则是"轮值 CEO 制"，华为三位高管郭平、胡厚昆和徐直军轮流担任首席执行长一职，每六个月轮换一次。另外，13 位董事拥有平等投票权，而华为董事长任正非则有权否决董事会的决定权。

◆ 公司如何估值

公司估值是对公司内在价值的科学评估，公司内在价值取决于其资产状况和赢利能力（包括当下赢利能力和未来预期赢利能力）。

公司进行股权设计、股权改造和股权激励是对公司利益的分割，它们赖以实现的基本前提是公司要有一个明确的估值。常用的公司估值法有以下 5 点。

1. 同类公司类比法

正如人们出售房产时的报价会参考所在区域其他类似物业的成交价格，找一个目标公司作为参照物，参照它近期的估值，依据数据，进行估值，这样做相对来说更科学一些。

目标公司可以是已经上市的同行公司，通过同行公司的财务数据和股价，来推算出常见的财务比率，如市盈率（P/E，即"价格 / 利润"），市盈率估值法是目前国内投资市场比较常见的估值方式。市盈率主要有两种计算方式：

1）历史市盈率

历史市盈率（Trailing P/E）计算公式为：

$$历史市盈率 = \frac{当前市值}{上一财务年度利润}$$

2）未来市盈率

未来市盈率（Forward P/E）是对市盈率的预测，计算公式为：

$$未来市盈率 = \frac{当前市值}{当前财务年度利润（或未来一年利润）}$$

通常投资人对公司的市盈率估值是这样计算的：

公司价值＝未来市盈率 × 公司未来年度（12 月）利润。

2. 市盈率倍数法

上述市盈率的计算方法适合已经盈利的公司。在对公司进行估值时，可以将盈利未计利息、税费、折旧及摊销前的利润汇总后乘以一个倍数。这个倍数可以参考行业平均水平。如果没有参照信息，这个倍数建议设定为 5 倍。

3. 资产估值法

用市场价值来对公司的实物资产和无形资产（专利、商标、创始人团队和员工价值等）进行估值。

需要注意的是，对于公司已经拥有的既有资产不能按照获得时的价格来计算，而应考量当下资产重置所需要的成本，来计算公司当前的资产净值。

4. 交易对比法

可以选取已经被成功投资或是并购的同行公司，将他们的融资和并购中的公司估值作为参照，获取有价值的财务数据和估值信息，来计算目标公司。

比如，A 公司已经成功获得融资 1000 万美元，公司估值 1 亿美元。B 公司的业务类型与 A 公司类似，但在经营规模上、市场占有率上只有 A 公司的一半，那么投资人对 B 公司的估值可能就是 5000 万美元。

5. 现金流量折现估值法

现金流量折现法是指通过预测公司未来盈利能力，计算出公司净现值，具体操作是通过预测公司未来的现金流，将之折现至当前，加总后获得估值参考标准。

◆ 股权分配的 5 条生命线

公司股权分配，有以下 5 条关键的生命线。

1. 持股 100%——完全控股

100% 持股属于一人掌控公司，创始人（股东）对公司上下事项有绝对的不容置疑的处置权和决定权。

2. 持股 66.7%（三分之二以上）——绝对控股

《公司法》第四十三条有规定："股东会会议做出修改公司章程、增加或减少注册资本的决议，以及公司合并、分立、解散或变更公司形式的决议，必须经代表三分之二以上表决权的股东通过。"

可见，持股 66.7% 以上的股东（或股东联盟）有权主张以下事项：

· 修改章程；

· 增加注册资本；

· 减少注册资本；

· 公司合并；

· 公司分立；

· 公司解散；

· 变更公司形式。

这些事项事关公司的生死存亡，66.7% 可谓是股权划分的一条关键生命线，其拥有的权利等同于完全控股。

另外，需要引起注意的是，《公司法》第四十二条有这样的规定："但是，公司章程另有规定的除外。"因此，公司章程可以约定按照公司法约定的出资比例行使表决权，也可以自行约定另外的比例。

3. 持股 51%——相对控股

相对控股权对公司经营的制约主要表现在，可以进行一些简单事项的决策、聘请独立董事，选举董事、董事长、聘请审议机构、聘请会计事务所、聘请解聘总经理等。

4. 持股 34%——安全控股

持股人持股三分之二以上，拥有绝对控股权，可以决定公司的重大事项。那么倒推一下，如果有股东持股 34%（超过三分之一），那么另外的股东就无法实现三分之二以上的持股，进而无法行使决定公司生死存亡的重大决策。换句话说，持股 34% 或以上的股东，拥有一票否决权。通常认为，这种一票否决权只限于那些决定公司生死存亡的重大事项，而对于一些仅仅需要半数以上股东（超过 50%）通过的事宜，则无权进行一票否决。

5. 持股 10%——可申请解散公司

持股 10% 以上的股东有权召集临时股东大会。《公司法》第一百条规定股东大会应当每年召开一次年会，但有例外情况。比如，如果"单独或合计持有公司百分之十以上股份的股东请求时"，应当在两个月内召开临时股东大会。

另外，持股 10% 以上的股东可申请解散公司，据"最高人民法院关于适用《中华人民共和国公司法》若干问题的规定（二）（根据 2014 年 2 月 17 日最高人民法院审判委员会第 1607 次会议《关于修改关于适用〈中华人民共和国公司法〉若干问题的规定的决定》修正）"第一条规定：

单独或合计持有公司全部股东表决权百分之十以上的股东，以下列事由之一提起解散公司诉讼，并符合公司法第一百八十二条规定的，人民法院应予受理：

（1）公司持续两年以上无法召开股东会或股东大会，公司经营管理发生严重困难的；

（2）股东表决时无法达到法定或公司章程规定的比例，持续两年以上不能做出有效的股东会或股东大会决议、公司经营管理发生严重困难的；

（3）公司董事长期冲突，且无法通过股东会或股东大会解决，公司经营管理发生严重困难的；

（4）经营管理发生其他严重困难，公司继续存续会使股东利益受到重大损失的情形。股东以知情权、利润分配请求权等权益受到损害，或者公司亏损、财产不足以偿还全部债务，以及公司被吊销企业法人营业执照未进行清算等为由，提起解散公司诉讼的，人民法院不予受理。

第 5 节

股权设计的注意事项

◆ 股权分配并非只为上市

我发现身边很多创始人对于股权分配都存在这样一个误区：企业做股权设计，核心目的是为了上市。

毋庸置疑，上市是企业经营高度规范化、企业超强盈利能力的一个集中表现。企业借助上市可以募集到一笔可观的资金，上市后还可以通过融资来筹集企业发展所需的资金，进而展开对外投资、兼并、收购等活动，从根本上解决企业对资本的需求。

上市可以推进企业进入发展的快车道，但它并不是企业经营的终极目标，它只是企业发展过程中的一个阶段，而非企业的最终归宿。同样，企业进行股权设计、股权改制的目标也并非只是为了上市。

回顾一下前文内容，我讲过企业进行股权设计的目的，除了上文中所涵盖的目的外，股权的用途还有很多，在企业发展的各个阶段都有涉及，如图 1-3 所示。

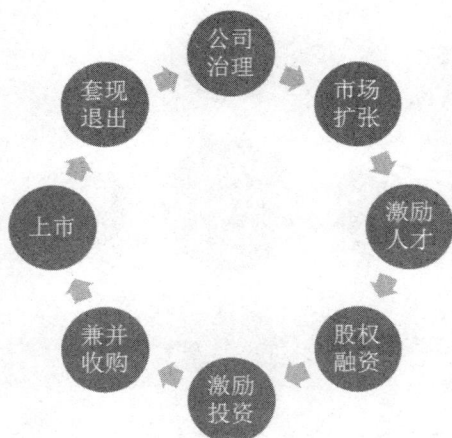

图 1-3　股权的用途

股权设计是为了达成激励目标，而股权激励的终极目标是"共赢"，即在企业内部建立一套让所有利益相关者共赢的机制。

企业成功离不开三个要素：第一，企业要让自己的顾客快乐；第二，企业要让员工的收入有所提高；第三，企业要让合作伙伴实现盈利。

这三个要素是相辅相成的，顾客是否快乐取决于企业员工和合作伙伴是否快乐，而员工和合作伙伴的快乐直接取决于收入和盈利。也就是说，要想让顾客快乐，首先要提高员工的收入、让合作伙伴赚到钱，这样他们才能共同帮助企业达成"让顾客快乐"的目标。

企业进行股权设计就是要打造一个互爽机制，从而真正实现"上下同欲，内外同欲，互惠共赢"的企业理想，如图 1-4 所示。

在实操上，股权设计要处理好以下六个战术问题，如图 1-5 所示。

1）定量

确定欲进行分配股权的数量、总量、占比。

2）定类

确定待分配股权的基本类型是身股、资金股、期权股还是顾问股。

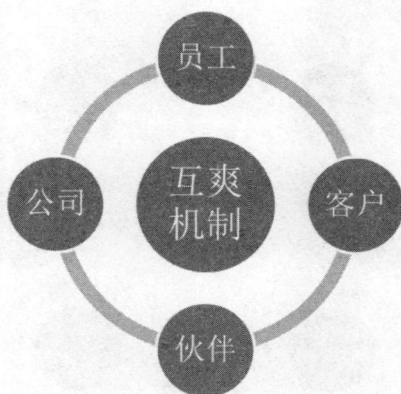

图 1-4 互爽机制

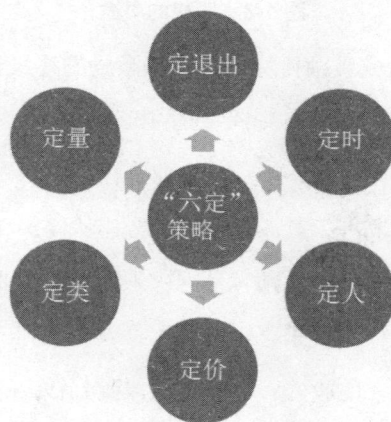

图 1-5 "六定"策略

3）定价

确定相关利益方获得公司股权的价格。

4）定人

确定什么人可以进来；什么人可以获得股权。

5）定时

确定什么时间可以获得股权，以及股权的生效时间（主要是期权）。

6）定退出

股权设计一定要有退出机制，股东什么情况下需要退出？什么时间退出？以什么方式退出？公司要有明确约定，避免日后出现不必要的纠纷。

◆ 如何化解股东矛盾

抽样调查显示，同欧美国家相比，我国民营企业的寿命非常短，平均生存时间仅有 3.7 年，中小型企业的寿命更短，只有 2.5 年。

企业短命的原因众多，其中股东之间的矛盾是最致命、最具破坏性的原因。很多合伙制企业，即使业务开展得好，企业赢利颇丰，但由于股东之间的权益分配不均衡，也会引起矛盾，对企业的发展造成不可逆转的伤害。以至于，除非是一人股东制，否则多股东制的企业出现股东矛盾的概率几乎是百分之百，很少有例外。

股东之间如果存在严重矛盾和裂痕，且长期处于对立、博弈状态，就会动摇公司的根基，致使合伙人之间缺乏信任，无法形成有效的统一决议，影响公司正常决策和日常运营，使公司业务陷于停滞状态，最终损害股东的根本利益。

股东矛盾的根源在于股东权利，股东的最基本权利为财产权利和控制权利。财产权利主要表现为分红权和分配公司剩余资产的权利，控制权则表现为对公司日常经营（决定管理团队和重大事项决策）的控制权利，正是这两种权利造成股东之间存在天然的矛盾。

针对这些问题，创始人有必要从制度层面、股权设计层面，做好约束和防范机制，尽最大努力规避股东之间的纠纷和矛盾，促使企业良性发展。

1. 合理分配股权

股权结构设计的不合理必然会导致股东之间出现矛盾。前文我们谈及了均分股权的问题，股权均分是典型的不合理股权结构，"真功夫""海底捞"的案例已经证实了它对股东矛盾的绝对诱发效应。

持股比例不合理还表现在"起主导作用的合伙人占小股，处于打工仔的地位"，这也会导致合伙人之间发生矛盾，甚至分道扬镳。

【案例】

"罗辑思维"合伙人何以散伙

"罗辑思维"是传统媒体人罗振宇和独立新媒体创始人申音于2012年打造的知识型视频脱口秀，口号是"有种、有趣、有料"，旨在打造自由人自由联合的知识社群，它满足了信息泛滥时代人们对可信知识源和可靠知识的需求。

从上线起，"罗辑思维"就坚持在微信公众平台于每日早上六时发布罗振宇的60秒语音，全年无休，风雨无阻，雷打不动。另外，"逻辑思维"还于每周五在优酷网发布高质量的视频节目，每期50分钟，每年48期，这些内容都是免费的。

依靠免费内容，"罗辑思维"吸引了大批粉丝关注，前期"罗辑思维"团队只是在不断打磨、精进产品，并未尝试商业化。2013年推出的付费会员制，是"罗辑思维"初步试水商业化，尝试将知识产品变现，效果显著。2014年，"罗辑思维"相继推出微信自媒体电商平台、"得道"APP及独立电商平台"生活作风"网站，"罗辑思维"估值超过1亿美金。

在公众面前，"罗辑思维"基本上等同于罗振宇，因为在前台吆喝和干活的都是罗振宇，孰料罗振宇只是个小股东，占股比例不足18%，而幕后的合伙人申音才是大股东，持股超过82%。

2014年5月，"罗辑思维"两大合伙人正式"分手"，申音退出，罗振宇继续操盘这个项目。

显然，"罗辑思维"两大股东之所以散伙，在于股权结构设计上的本末倒置，干活的罗振宇只占小股，久而久之，自然会心里不平衡。

还是我讲的那句话，干活的人不占大股，企业一定会萎缩，即使不散伙，也会矛盾不断。在我们兄弟盟中也出现过类似的情况。

有一个兄弟盟成员创业，自己掏 30 万，占股 30%，身边的朋友投资了 70 万，占股 70%。经过两年奋斗，公司发展得不错，但创始人心里却越来越不是滋味。因为自己辛辛苦苦干活，却只是个小股东；朋友什么也不做，却坐享其成。而且，由于当初没有留下足够的股权空间，导致其他合伙人和投资人无法进入。后来，连续好几家看好该公司的投资机构由于股权结构有问题而放弃了投资。最后，创始人放弃了这份事业，被投资人挖走，另起炉灶。

2. 完善公司章程

股东矛盾频发的另一个重要原因是公司章程的不完善，无法对股东发挥正常的约束作用。

公司章程是公司股东的共同意见和建议，诠释了公司组织和活动的基本准则，是公司的"宪章"。如果，公司章程能够预先对公司日常存续中的常见问题做出准确预测，并给出相应的应对处理措施及相关规定，便能对股东矛盾起到很大的制约作用，将之消除在萌芽状态。制定公司章程要注意以下两个要点：

第一，公司章程要尽量吸收股东协议的内容，保留股东协议。在股东协议和公司章程里明确规定两者出现不一致（公司章程和股东协议都是可以修改的，因此可能会出现很多的不一致意见）时的处理方式。

第二，初次制定的公司章程对股东协议中关于股东权益及公司治理的内容（关于公司设立和筹备的内容除外）要全盘考虑，并明确约定章程中某些条款的修改必须经全体股东一致同意。

3. 避免股东滥用知情权

知情权是股东实现财产权益的一个重要表现。但是，股东（尤其是小股东）滥用知情权会给公司的商业秘密带来威胁，同时会导致股东之间出现矛盾和分歧。

《公司法》第34条规定：股东有权查阅、复制公司章程、股东会会议记录、董事会会议决议、监事会会议决议和财务会计报告。股东可以要求查阅公司会计账簿。因此，股东行使知情权最直接的方式就是查账。

不可否认，即使是小股东也拥有正常的知情权和查账权，我们要避免的是恶意（包括主观上的恶意和客观上的恶意）地行使知情权，这就需要在公司制度设计中进行事先约定，如在股东协议或公司章程中明确规定股东查账的适用情况（不可随意查账）及保密条款。

4. "志不同道不合"不合伙

股东都是一个个具体的人，都具有各自的主观能动性，合伙人首先要做到志同道合，互相信任，否则将会给日后合作带来无穷的隐患。

其一，要避免股东素质参差不齐，如果股东之间存在经营理念、商业尝试、合伙意识、价值判断、投资理念上的重大差异，那么将很难在公司事宜中达成共识，这是导致股东矛盾的严重隐患。

其二，异性之间慎重合伙。异性之间合伙也容易出现问题，要慎重而为。我的朋友找了一个女性朋友合伙创业，这名女合伙人有些姿色，二人经常一同出差、加班，他们都是有家庭的人，时间久了，出现了各种绯闻，后来导致两个合伙人的家庭矛盾不断，后院不稳。两年后，他们经不起这种怀疑和折腾，生意以失败告终。

◆ 公司股权设计中的法律问题

公司股权设计须在相关法律规定的框架下进行，以避免法律风险，涉及公司股权的法律、法规主要包括《公司法》《证券法》《上市公司收购管理办法》《证券交易所业务规则》《信息披露与内容格式准则》《上市公司并购财务顾问业务管理办法》等。公司股权设计中的常见法律问题有以下 5 点。

1. 法律对于股东的认定

股东是股份公司或有限责任公司中持有股份的人，即公司的投资人，也指其他合资经营的工商企业投资者，股东有权出席股东大会并有表决权。

从主体看，股东可分为机构股东和个人股东。机构股东是指享有股东权的法人和其他组织，包括各类公司、各类全民和集体所有制企业、各类非营利法人及基金等机构和组织。个人股东是指一般的自然人股东。自然人股东之间要具备如下条件：第一，理念相同，同舟共济；第二，资源互补、优势互补，取长补短；第三，各自能独当一面，共同撑起公司；第四，互相信任，可相互托付。

2. 股东资格如何获得

通常，股东资格由以下几种方式取得：第一，出资设立公司取得；第二，受让股份取得；第三，接受质押后依照约定取得；第四，继承取得；第五，接受赠与取得；第六，法院强制执行债权取得。

以上为股东资格获得的常见方式，但有例外情况，如果公司章程对此有特殊规定，如约定取得股东资格要经过一定程序后才能最终确定，那么就要遵从章程的约定。

3. 股东会的职权

股东会是公司的最高权力机关，由股东选举产生，成员来自股东，拥有重大事项的决策权，是公司对企业行使财产管理权的机构，有权任命和解聘董事。公司的所有重大人事任免和重大经营决策都必须得到股东会的认可和批准，否则不能生效。

《公司法》第三十八条规定，股东会行使下列职权：

第一，决定公司的经营方针和投资计划；

第二，选举和更换由非职工代表担任的董事、监事，决定有关董事、监事的报酬事项；

第三，审议批准董事会的报告；

第四，审议批准监事会或监事的报告；

第五，审议批准公司的年度财务预算方案、决算方案；

第六，审议批准公司的利润分配方案和弥补亏损方案；

第七，对公司增加或减少注册资本做出决议；

第八，对发行公司债券做出决议；

第九，对公司合并、分立、解散、清算或变更公司形式做出决议；

第十，修改公司章程；

第十一，公司章程规定的其他职权。

4. 股东权利如何转让

股东不可以退股，只可以进行转让。股东权利随着股权的转让而同时转让，股东权利主要包括：

第一，发给股票或其他股权证明请求权；

第二，股份转让权；

第三，股息红利分配请求权；

第四，股东会临时召集请求权或自行召集权；

第五，出席股东会并行使表决权；

第六，对公司财务的监督检查权；

第七，公司章程和股东大会记录的查阅权；

第八，股东优先认购权；

第九，公司剩余财产分配权；

第十，股东权利损害救济权；

第十一，公司重整申请权；

第十二，对公司经营的建议与质询权。

上述股东权利随着股权的转让而同时转让，不可分开转让。

5. 股权激励的法律问题

实施股权激励，不仅涉及企业管理和财务问题，还涉及法律层面的问题。股权激励通常有三种形式：

第一，现股激励，是指参照公司股票当前的市场价格确定价值进行激励的股权；

第二，期股激励，约定当事人在将来某一时期内以某种方式（购买或赠送）获得一定数量的股权；

第三，期权激励，是指当事人在将来某一时期内以某种方式（购买或赠送）获得一定数量股权的权利，当事人可以行使或放弃这个权利。

进行股权激励，要注意以下法律风险的防范：

第一，股权奖励须注意工商登记变更问题。股权激励双方签署协议并不等于被激励方就成了股东，还需要公司在工商登记中进行变更、记载，这样才能正式确定当事人的合法股东身份。

第二，公司进行股权激励要经过股东同意。股权属于股东的财产权，而非公司的财产。因此，公司（同股东不是一个概念）进行股权激励，首先要取得股东的许可，不可擅自做出决定。

第三，明确股权激励的"退出机制"。股权激励的目的是激发员工积极性，提高其忠诚度和战斗力，如果被激励人没有达到公司预定的激励目标，则股东有权收回股权，这一点需要做好约定。

◆ 公司股权设计中的税务问题

美国的缔造者之一、第一任财政部长汉密尔顿有一句名言："死亡和税收，是人生不可避免的两件事情。"税收问题确实是每一家企业都无法回避的，税费是企业必须要支付的一种费用。企业股权设计中的投资入股、股权分配，以及股权转让等行为也会涉及税务和税收问题。不管是投资入股、股权转让还是股权激励都离不开"税"。

1. 股权投资中的涉税问题

股权投资涉及的税费主要有营业税、印花税、企业所得税和个人所得税等，不同类型企业的股权投资税收政策也不尽相同，如表 1-3 所示。

表 1-3 不同主体股权投资收入的税务政策

股权投资主体	股权投资税务政策
有限责任公司及股份有限公司	股权投资收益应按照《中华人民共和国企业所得税法》及其实施条例的有关规定缴纳企业所得税，企业所得税的法定税率为 25%
个人独资企业及合伙制企业	对外股权投资收回的利息或股息、红利不并入企业收入，应单独作为投资者个人取得的利息、股息、红利所得，按"利息、股息、红利所得"应税项目计算缴纳个人所得税，适用税率为 20%
有限合伙企业	有限合伙企业以每一个合伙人为纳税义务人。合伙企业合伙人是自然人的，缴纳个人所得税；合伙人是法人和其他组织的，缴纳企业所得税
个人	个人取得股息红利及股权转让所得的收入，应按《中华人民共和国个人所得税法》及其实施条例的有关规定缴纳个人所得税，适用税率为 20%

2. 股权激励中的涉税问题

通过股权激励方式取得的股权也要交税，通常，企业内部员工个人取得的股权应按公允价值来作为计税成本。

其中也有例外情况，根据国家税务总局国税发〔1999〕125 号和大地税发〔1999〕77 号文件规定："科技机构、高等学校转化职务科技成果以股份或出资比例等股权形式给予本单位在编正式科技人员个人奖励，经主管税务机关审核后，暂不征收个人所得税。"但如果上述人员转让股权、出资比例的话，则要对其"财产转让所得"应税项目征收个人所得税。

3. 赠予股权的涉税问题

接受捐赠所得的股权，须交纳个人所得税，但也有两个例外情况：

第一，如果个人将股权捐赠给父母、子女、配偶、兄弟、姐妹、孙子（女）、外孙子（女）、祖父母、外祖父母，或捐赠给对其承担直接抚养或赡养义务的抚养人或赡养人；或者股权所有人死亡，依法取得股权的法定继承人、遗嘱继承人或受遗赠人，这些情况下的捐赠所得股权，无须缴纳个人所得税。

第二，在企业股权分置改革中，非流通股股东通过对价的方式向流通股股东支付的股份、现金等收入，也是免征个人所得税的。

4. 上市公司发放股利分红的涉税问题

上市公司向股东发放股利分红时，其应缴纳税额的计算公式为：

应缴税额 = 送股数 × 股票面值 ×50%×20%= 流通股自然人股东股数 ×10%

需要注意的是，如果上市公司没有派发现金股利，那么就不能对自然人股东的个人所得税进行代扣，通常应在送股的同时向自然人股东派发少量的现金股利。

5. 个人股权转让中的涉税问题

根据《国家税务总局关于纳税人收回转让的股权征收个人所得税问题的批复》（国税函 [2005]130 号）规定："股权转让合同履行完毕、股权已作变更登记，且所得已经实现的，转让人取得的股权转让收入应当依法缴纳个人所得税。转让行为结束后，当事人双方签订并执行解除原股权转让合同、退回股权的协议是另一次股权转让行为，对前次转让行为征收的个人所得税款不予退回。股权转让合同未履行完毕，因执行仲裁委员会做出的解除股权转让合同及补充协议的裁决、停止执行原股权转让合同，并原价收回已转让股权的，由于其股权转让行为尚未完成、收入未完全实现，随着股权转让关系的解除，股权收益不复存在，根据个人所得税法和征管法的有关规定，以及从行政行为合理性原则出发，纳税人不应缴纳个人所得税。"

个人转让股权时，纳税人或扣缴义务人应到发生股权变更企业所在地地税机关（主管税务机关）办理申报和税款入库手续。

6. 股权设计中税务筹划问题

税收当然是无法避免的，不过现实中绝大多数企业面对税收时，也都不会听之任之，而会采取各种措施，或合法，或非法，或是游离于合法非法之间的手段，来减少税务支出。有人说，野蛮者抗税，愚昧者偷税，糊涂者漏税，狡猾者骗税，机敏者避税，精明者节税，真正的聪明者则会进行税务筹划，企业股权涉及的税收也可以进行有效筹划，以达到合理避税的目的。

【案例】

股权投资中的税务筹划

一家客户公司计划出资成立一家全资子公司，预计 2018 年将实现投资收益 1 亿元，按照 25% 企业所得税比率，需要缴纳企业所得税 2500 万元。

为了降低税务成本，该公司在税收洼地设立了子公司，根据该子公司的经营范围，可享受到当地的税收优惠政策，最后再由该子公司对某法人股东通过免税股息分红的方式使其股东享受优惠。

通过这种筹划，该公司的股权投资涉及的企业所得税预计将会降低 15%。

◆ 完善公司治理结构，实施规范化运作

公司治理是研究公司权力安排的一门科学，是站在公司所有者层面研究如何对职业经理人授权并对其行为进行监督的学问。

公司治理结构是由所有者、董事会、操盘手（即总经理和高管团队）三者共同构成的一种组织机构，它规定了股东、董事会、操盘手及其他利益相关者之间的权利和义务分配。在这种三角形组织结构中，上述三者之间形成了一个相对稳固的制衡关系。

借助公司治理结构，公司所有者委托董事会管理自己的资产，董事会有权决定操盘手的聘用、奖惩和解雇，总经理在董事会授权范围内组建执行团队，属受雇于董事会的执行机构。

要想完善公司治理结构，就要明确分配股东、董事会和操盘手之间的权利、义务、责任和利益关系，使三者形成制衡关系，推动企业健康发展。

1. 股东、董事会、操盘手之间如何有效制衡

著名经济学家吴敬琏认为，公司治理结构是指由所有者（股东）、董事会和高级执行人员（操盘手）三者组成的一种组织结构。完善公司治理结构就是要明确划分股东、董事会、经理人员各自权利、责任和利益，从而形成三者之间的关系。

这种三角关系是基于两个法律关系：股东大会与董事会之间的信任托管关系和董事会与操盘手之间的委托代理关系。

委托人和受托人之间的利益诉求有着明显差异，其中，股东、董事会（股东代表）的核心诉求基本是一致的，是站在所有者角度考量问题，他们追求的是公司资本的增值和利润的增加，而操盘手最终关注的也是个人利益，即个人社会地位、声望、收入的增加。操盘手的利益诉求对股东和董事会而言是一

种成本支出，这是一种根本上的矛盾，那么该如何化解呢？除了常规的制度安排，最有效的措施莫过于对操盘手进行股权激励，通过股权分配机制的调整，使之同股东、董事会之间形成真正的利益共同体。

2. 如何协调董事长与总经理的关系

现代治理结构的公司，一般都会设置董事长和总经理，从职责定位上看，董事长的职责是负责董事会的召集、运作和协调，对董事会的决议执行情况负有检查监督的义务，要负责召集董事会，进行重大事项的筹划、分析和论证；而总经理则要对董事会负责，用来执行董事会的决议，向董事会汇报日常经营情况，并接受董事会监督。

我国《公司法》有规定，公司董事长是公司法人代表，但对于法人代表的详细职权没有明确规定，另外，相关法律同时又规定公司法人代表应当承担企业债务、纠纷、产品质量等方面的责任，这种模糊的规定往往导致公司董事长过多干预公司具体事务，给总经理的工作带来困扰，甚至造成矛盾冲突。

对于这种可能发生的隐患，应在公司章程中做出补充说明，理顺二者关系，避免"小狐仙"相互掣肘乃至内讧的现象。

3. 如何界定公司重大事项

在相关法律规定和公司实际运作中，都会涉及公司重大事项的决策，但是具体的界定都比较模糊，在具体操作中，容易出现偏差和矛盾。

如何界定企业重大事项是一个非常现实的问题，涉及股东大会、董事会及操盘手的职能界定，在公司实践中，通常将以下方面的事务视为公司重大事项：

第一，公司战略规划；

第二，公司重大投资项目；

第三，公司年度预算；

第四，公司大额资金的投入；

第五，公司对外担保和大额贷款；

第六，公司所有变革和重组改制；

第六，公司关键机构调整和重大人事任免；

第七，公司利益分配。

4. 股权结构对公司治理结构的影响

不同的股权结构，对公司治理结构有着直接的影响，如表 1-4 所示。

表 1-4　公司股权结构对治理结构的影响

股权结构　治理机制	股权高度集中，有股东绝对控股	股权高度分散，没有大股东	股权相对集中，有相对控股股东
激励机制	优	差	良
外部接管市场	差	优	良
代理权争夺	差	差	优
监督机制	良	差	优

经过对比可以发现，当公司股权相对集中，且有相对控股股东或是其他大股东时，对公司治理结构作用的积极发挥比较有利。

5. 如何保护利益相关者的权益

现如今，企业的成功不单单是建立在股东意志，也不只是建立在操盘手的努力之上，而是由财产所有者、人力资本所有者，以及其他内外部利益相关者共同决定，因此，有必要在公司治理结构和治理机制乃至股权机制上做出适当调整，以体现相关利益者权益，实现利益均沾。

第二章

股权激励：
打造利益相关者共赢机制

第1节

常见股权分配落地方案

◆ 银股：资金股

"银股"和"身股"都是民间概念，不是现代意义上的法律概念，都出自历史上的晋商模式，即"出资者为银股，出力者为身股"。

银股享有分红权、转让权、继承权和表决权，银股所有者是公司股东，是实际的掌控者。银股基本等同于现代工商注册中的股份（资金股）。

资金股是指投资人根据其出资（货币、实物、无形资产）而享有的股东权益。《公司法》第四条规定公司股东依法享有资产权益，参与重大决策和选择管理者等权利。其法律特征为：第一，分红权和公司剩余财产分配权；第二，重大决策权；第三，以出资额为限承担财产责任。

资金股的分配及投资要遵循以下5个基本逻辑。

1. 创业合伙人，投小钱，占大股

创业合伙人是公司项目、产品成功的关键，投资从某种程度上讲就是投人，"宁要一流的人才和二流的项目，也不要一流的项目和二流的人才"是很多投资人奉行的投资准则。请记住，人力资本一定大过货币资本，对于启动期的创业公司尤其如此。

所以，创业合伙人要重视自身价值，而且创业合伙人，不仅投入资金，更要做操盘手，要负责公司的运营与拓展，可以说是投入了全部的身家性命。因此，创业合伙人要投小钱，占大股，前期务必要掌握控股权。

2. 外部投资人，投大钱，占小股

外部投资人通常只投钱，不做事，因此其股权获得价格应比合伙人高，而不应一视同仁，按同样的价格来获取股权。

通常，外部投资人要比内部合伙人最低以高出一倍的价格购买股权，如公司启动资金需要 100 万元，那么内部合伙人购买价格为一万元一股，外部投资人则要定位两万元一股。

具体操作时要绝对避免完全按出资比例来分配股权，因为外部投资人相较于创业合伙人团队，其权益肯定要受到一定限制，对此，创业合伙人要把控好底线，该强势的时候一定要强势，否则会造成无穷的后患。

【案例】

双输的股权分配

某创业公司有 4 名合伙人，共持股 49%，外部天使投资人投入 1000 万元，持股 51%，由于切入了一个几乎是空白的细分领域，该项目上线后，发展迅速，用户急速增长，渐渐引起了很多投资机构的注目。

遗憾的是，该公司的创始团队先后接触了数十家国内外投资机构，都没能取得实质性的进展。原因很简单，那些老道的投资人一眼就看出了问题所在——天使投资竟然持股 51%，再继续跟投就是往坑里跳。

有些创始人会天真地寄希望于向早期的天使投资人回购股份，话说有几个天使投资人愿意将到手的利益拱手相让，即使想回购也会让创始人和其他投资人付出高昂的代价，况且这种持有大量股份的天使投资人也不具备大格局和以大局为重的觉悟，否则就不会主张控股权了。

投资人的股权分配不合理，不仅会打击创业合伙人的积极性，也会给后期的投资者设置天然的进入壁垒。许多初创企业有好团队、好创意、好产品，却因为股权问题，倒在失败的创业路上。

如何规避这种问题呢？那就要设计好股权出让的底线，第一轮增资扩股（种子轮、天使轮）尽量不要超过30%，建议在20%左右。

事实上，一些具备共赢心态和开阔格局的投资人，也很认同这一点，道理很简单，只有先将"盘子"做大，才能给大家带来更多的利益。

3. 公司越小，越要珍惜股份

越早期的项目越要珍惜股份，如一个刚上线或刚运营不久的创业项目，在没有产品、用户、市场、盈利的情况下，很难对其进行准确的估值，也无法准确评估它的价值。在这种情况下，创业合伙人心里应有一杆秤，对创业公司要有信心，不要低估其价值，避免一味地依赖投资人对项目的价值判断。

在出让股权时，创始人务必要珍惜自己的股份，尤其是在公司起步阶段，避免为了融资不讲原则地退让，哪怕是出让控股权也在所不惜，这样很可能就会被资本反噬，被投资人牵着鼻子走，失去自己的初心，导致创业公司误入歧途。

4. 筛选投资人

对于外部投资，什么钱可要，什么钱不可要，要有自己的原则和底线，不可来者不拒。创投行为是一个双向选择，投资人在考察公司和团队的同时，创业合伙人也要加强对投资人的考察和筛选。

第一，对于天使投资人，创业者要尽量选择那些资金实力雄厚、拿闲余资金投资的天使，他们往往具有风险投资意识，心态比较平和，不是十分看重输赢。如果天使投资人投进去的是自己养家糊口的钱，一旦失败了，后果和影响不可估量。

第二，对投资公司，则要看其股权结构是否合理，是否存在纠纷和隐患，看其控股股东是谁。

第三，不要引入思维、作风、观念差距过大的投资人，思维上的鸿沟、行事风格、观念上的差距的会使创投双方的合作和沟通较为困难。设想一下，公司创始人引入了一个"天使"，然后他在公司内部安插自己的眼线，想方设法地监督公司的业务，三天两头来干预公司日常经营，定期来参加公司例会，这样与其说引入了一个"天使"，还不如说招来了一个"祖宗"。

5. 留下股权空间

现代公司出于发展的需要，往往需要经过多轮融资，为了给后续投资者留下投资空间，就要提前做好制度设计。

第一，预留足够的股份空间，为新的合伙人加入、投资资金进入、团队及员工激励留出余地。

第二，约定股权同比稀释。例如，某公司创始人占股 80%，外部投资人占股 20%，已经将股权充分"瓜分"，对于这种情况，就要提前做好"股权同比稀释"的约定，给后面的股权分配留下空间。

具体操作方式为：如果公司估值为 2000 万元，假如需要融资 500 万元，出让 20% 的股权，那么原创始人和投资人的股权就要被同比稀释掉 20%。稀释后的三方持股比例为：64%（稀释掉 16 个百分点）：16%（稀释掉 4 个百分点）：20%。

◆ 身股：在职股

身股，也被称为顶身股，是晋商对股份制的一个特殊创造，目的是给不出资的优秀员工一定的股份（身股），使其参与商号的经营、管理和分红，身股制被誉为"封建时代最先进的物质激励方式"。

据记载，原晋商伙计获得身股的轨迹和条件为：一个小伙计入号，先得当三年学徒，做一些侍奉掌柜之类的粗活，闲暇时间学习打算盘、练毛笔字，字号光管饭，不给工钱（有点像上大学）。满徒后，按月发给薪资，但还顶不上身股。起码等三个账期以后（大约需要十年），工作勤勤恳恳，没有出现重大过失，经掌柜向东家推荐，得到各股东认可才可以顶身股。

显然，获得身股的门槛很高，只有极少数非常优秀的员工才能得到。不过，身股的激励效应是巨大的。

伙计的身股从一二厘顶起，慢慢逐步增加。每次增加的身股，记入"万金账"，予以确认。顶到七八厘时，就可能被提拔为三掌柜、二掌柜，日后将大有出息。因此，在祁太平一带有谚语流行说："坐官的入了阁，不如在茶票庄当了客。"可见当时身股有多大的诱惑力！

身股的形式也常常用于现代企业的员工激励中，又称为技术股、在职股或分红股。

身股同干股有一定的相似之处，干股是无须出资就可以享受分红的股份，通常是创始人发给内部有贡献员工或外部资源人士的一种股权。也就是说，干股既可以用来对内部员工的激励，也可以用来激励外部资源人士，而身股只限于在岗员工激励，只对内，不对外。因此，身股又被称为"恋爱股"，人在就分红，人走身股被收回。

【案例】

某企业身股激励落地方案

一、目的

激发员工的主人翁意识，为共同的企业愿景、使命而奋斗，增强企业对人才的吸引力，提高员工的归属感和凝聚力，最终实现长期保留人才的目的。

二、什么是身股

身股是基于某种员工身份而享有的分配企业收益的权利，简单来说，"身"

相当于身份，即首先要满足获取身股的必要条件，"股"（份额）即获得收益的计算比例。

三、身股的主要特征

（1）不同于资金股，获得身股的员工只需要满足公司规定的特定条件即可，无须出资；

（2）身股是在职股。人在股在，分红在；人走股没，不再享有分红；

（3）身股只有分红权，不具有表决权、转让权。

四、身股获得条件

凡在公司工作时间满两年的全职员工，都可以根据职务和贡献，经过公司相关部门的考核，获得一定的身股，员工依据所持有的身股数量参与企业分红。

身股分红期从每年的1月份开始计算，如年中加入公司的正式员工，则需要从下一年1月开始享受身股分红。

五、分红周期

公司每年度进行一次身股分红，每年5月为上一年度分红的核算时间，用来核算上一年度的员工身股分红。

六、分红时间

持有身股员工具体拿到分红的时间，公司年度分红分两次发放，时间分别为5月中旬和11月中旬，各发放50%。

七、身股确定

公司根据员工的在职时间、贡献值、职务等要素，由人力资源部、财务部、法务部和各部门负责人对员工的个人价值和贡献值进行个性化的详细评估，根据评估结果，结合公司政策，换算成身股数额，作为日后分红的依据。

八、特定周期的分红身股数

员工所持有的身股数额，并非最终的分红计算依据，还须考核员工在特定分红周期的综合表现系数和出勤情况，其计算公式为：

员工当期最终分红身股数＝员工额定身股数 × 员工个人综合系数 × 出勤系数

九、身股分红数额

公司每年拿出企业总利润的 10%（起点）用于员工身股分红。

十、分红实操

（一）分红比例

每年度分红比例并非固定数额，视分红年度的企业利润而定，利润越高，用来分红的比率也就越高，如表 2-1 所示。

表 2-1　企业年度分红比例

企业分红年度净利润范围	试用比率
20 ～ 100 万之间（含 100 万）	10%
100 ～ 200 万之间（含 200 万）	11%
200 ～ 500 万之间（含 500 万）	13%
500 ～ 1000 万之间（含 1000 万）	15%

（二）确定个人年度综合表现系数

（1）根据职级确定系数（分红百分比，总量为 100%），如表 2-2 所示。

表 2-2　职级系数

级别	系数	人数	调整系数
助理、专员	0 ～ 2%	30	
主管	2% ～ 4%	5	
经理	4% ～ 8%	2	
总经理	8% ～ 15%	1	

（2）根据表现和业绩确定考核系数如下表2-3所示。

表2-3 绩效考核系数

考核标准	权重（%）	考核周期	考核结论	考核人	考核依据（工具）
工作目标与任务（MBO）	40%	年度			
关键绩效指标（KPI）	40%	年度			
关键行为指标（KBI）	40%	年度			
备注	被考核对象得分90分以上，为优秀，系数为1.2 被考核对象得分80～90（含90）分之间，为良好，系数为1 被考核对象得分60～80分（含80）之间，为合格，系数为0.8 被考核对象得分30～60分（含60）之间，为不合格，系数为0.5 被考核对象得分0～30分（含30分）之间，为差，系数为0，即不参与分红				

（3）根据出勤系数核算分红情况，如表2-4所示。

表2-4 出勤系数细则

累计请假天数	出勤系数
全勤	1.2
1～5	0.9
6～10	0.8
11～20	0.6
21～30	0.4
>30	0（取消分红资格）

（4）身股分红计算公式

身股分红＝分红总数 × 年终平均考核系数 × 出勤系数 × 级别分红百分比

例：公司分红年度利润为150万元，那么分红总数为150×11%=165000元，假如某赵经理，考核评分为90，则其考核系数为1，当年度请假7天，则出勤系数为 0.8，假定其职级系数为 6%，则其身股分红为：

165000×1×0.8×6%=7920 元

进行身股分配时，可结合公司的具体情况，适当增减考核项目、比重，乃至用来分配利润比例都是可以灵活掌握的。

◆ 期权股：未来股

期权股，即股票期权，是一种常见的企业股权激励操作模式。其操作要点是：公司将预留的普通股股票作为报酬的一部分，以较低的价格或无偿授予公司管理人员或骨干员工，期权股的享有者可以在约定的时期内做出行权或兑现等选择。

员工从期权激励中获得收益的方式为：当公司股票的未来价格高于授予期权所指定的价格时，员工在约定时期，就可以将自己持有的股票期权以市场价格卖出，从而获得差价收益。

股票期权激励模式的核心目的在于激励持股人员想方设法地提高公司价值，提高公司股价，从而实现共同获益的目的。

1. 期权股的授予机制

进行股票期权激励时，须明确以下细节：

1）定时间

这里有两个时间，其一是公司进行期权股激励的开始时间，通常，公司在创业起步阶段就可以启动期权股激励；其二是期权股的禁售时间，一般不短于两年，不长于 10 年。

2）定人员

期权激励应根据企业发展阶段分梯次覆盖不同层级的人员，在公司发展起步阶段，期权股激励的范围应限于核心合伙人和高管团队；在公司发展的上升阶段，可将管理团队和骨干员工纳入激励范围；在公司发展成熟阶段，可将全员期权激励作为选择方向。

总之，进行期权股激励应该把握的基本原则是：梯次进行，逐步推进，不断磨合，形成示范效应。

3）定数量

公司留出用来激励的期权池，一般应在 15% 左右，最低不低于 10%，最高不高于 30%。

4）定价格

我有一个观点：交钱等于交心。期权股发放也是如此，创始人尽量不要免费发放期权股，否则员工会认为期权股不值钱，得来的太容易，也不足够受重视。我的建议是，员工必须掏钱购买期权股，哪怕是象征性地掏一些钱。

当然，为了达到激励效果，员工获得期权股的价格要低于市场价格。比如，早年间，垂直旅游搜索平台"去哪儿"，给员工的期权股行权价是 0.01 美元，几乎相当于白送，如今，"去哪儿"的估值已达 44 亿美金，一旦公司上市，早期获得期权激励的员工可能会立马身家百万、千万，甚至亿万。

2. 期权股的退出机制

期权股的退出机制主要是约定被激励对象离职时，激励期权的处理方式，如是否回购、以何种价格回购等，以免引起不必要的金额纠纷。

【案例】

期权股回购纠纷

2009 年，技术大牛曹政加入休闲小游戏平台"4399"出任 CTO，被公司董事长蔡文胜承诺授予 1.5% 的股票期权。

2011 年，曹政离职，独自创业。

　　到了 2014 年，曹政突然被告知，当初许诺的 1.5% 股权已经大幅缩水为万分之七，原来随着合伙人和投资人的不断进入，曹政的股权也在无形中被不断稀释。此举引发了曹政和蔡文胜的股权纠纷。

　　华为公司也出现过类似的纠纷。

　　2002 年，在华为工作了十年的老员工刘平，要求变现自己在华为的期权股，公司只同意按其当初购买股票实际支付的价格（354 万元）来回购其股权。刘平认为不公平，一纸诉状将华为告上法庭，要求公司按照其持股数额可参与分配的公司净资产和未分配利润总额来回购其股权。

　　上述知名企业的期权股纠纷，对创始人们的启示是，一定要设计好期权的退出机制和回购价格。

　　1）期权股回购的范围

　　对于已经上市的公司，员工持有的期权股自然可以根据约定的时间在公开市场进行交易退出，无须公司回购；对于未上市的创业公司，可以提前约定一个价格回购离职员工的期权股。

　　激励期权的退出机制，即约定员工离职时已行权的股权是否回购、回购价格等，避免在员工离职时出现不必要的纠纷。

　　2）期权回购的价格

　　在对员工持有的期权股进行回收定价时，一般可以按照公司当时的净资产、净利润、估值来综合确定。

3. 创始人应打造的其他期权

　　期权激励能够给那些独当一面的骨干员工许诺一个稳定的、值得期待的未来，除了股权、期权外，还有很多行之有效的期权激励方式。

　　1）工资期权

　　对某些特定员工或全体员工，承诺只要在公司工作满多少年，完成既定的绩效考核，就可以额外获得多少月的工资（可以是季度工资、半年工资、一年工资）。

期权工资还有另一种模式，如公司从别处挖来一名技术高手，他以前在其他公司的月薪为3万元，现在公司承诺月薪为5万元，但是在第一年先按照每月3.5万元进行支付，剩下的1.5万元要等其工作满一年后，再分半年逐渐付清。

2）物质期权

承诺员工只要工作达到一定年限，或是达成一定的业绩目标，就可以获得相应的实物奖励，如可以免费获得公司奖励的汽车、购房首付款等。

3）分红期权

只要公司利润达到预定目标，或超出预定目标，就可以得到额外的分红。

4）人力引荐期权

为公司引进稀缺的人才或是培养出能够独当一面的人才，则可以获得相应的期权奖励。比如，连锁店店长如果能够带出一个合格的店长，那么公司就赠送所在门店总利润5%的额外分红。

◆ 资源股和顾问股

1. 资源股分配操作要点

资源股，顾名思义是给拥有资源者发放的股权，这里的资源是指对企业发展有帮助的内外部资源。

据我观察，很多创始人在创业早期，由于资金、资源上的欠缺，通常会饥不择食地渴望得到一些资源提供者的帮助，甚至会给他们承诺发放大量的资源股。事实上，资源作价入股存在很多的现实难题和未来隐忧，因为有些资源的实际价值很难进行精确的评估，而且资源的实际到位时间也会存在许多变数，在具体实操中应注意以下事项。

1）短期资源尽量不要给予股权

创始人为了解决眼下迫在眉睫的现实困难，会承诺给资源提供者以股权作为回报，但要注意分辨资源的现实价值与长远价值。

对于短期资源提供者，要慎重发放股权，既然是短期资源，其效用往往仅限于一个较短的周期，如果给予可观的股权，那么短期资源提供者就会一直坐享其成，分享公司收益，这种状况短期内可能不会出现大问题，但从长远来看，一定会对其他股东和员工的积极性产生消极影响，让大家心里不平衡。

例如，某创业公司为了节省前期房租开支，就约定房东以免除前 5 年房租（价值 300 万元）的条件，获得 45% 的公司股权。其实，公司的资金短缺往往出现在前期，待项目发展进入正轨，公司解决了资金问题之后，就会发现当初自己为 5 年房租这一短期资源付出了太大的代价。

因此，对于资源换股权的情况，不仅要看资源的眼前价值，还要看其未来价值，以及公司的未来发展情况。

2）一次性资源提供者不要发放股权

对于一次性资源提供者，不论其资源价值有几何，都要慎重发放股权或弃权，而可以考虑资源提供抽成的方式进行合作，一单一结，简单明了，而无须通过股权进行深度绑定。

3）外部兼职者不要发放大量股权

企业的外部兼职人员通常是各类稀缺资源的提供方，对他们可以进行股权绑定，但要适度，资源人士持股比例一般不宜超过 15%。

2. 顾问股（医生股）分配操作要点

美国历届总统都有庞大的顾问团队，有经济顾问、国家安全顾问、科技顾问等，用来辅助总统做出决策。

企业创始人也应该有自己的顾问，企业顾问通常是在某一领域具备极强专业优势的专家，能够在关键时刻给创始人带去决策参考，给企业带去价值。

请记住，外部顾问虽然不是企业的操盘手，也不负责具体的经营事宜，但有可能对企业发展产生主导作用，甚至在关键时刻发挥逆转乾坤的重大作用。

将顾问同企业紧密捆绑的最佳之策是给予顾问股，在现实生活中，我们也看到一些新型的创业公司在步入发展的快车道之前，往往都会聘请富有经验的外部顾问，给予相应的期权或股权激励，这样，外部顾问就能够在不干扰企业日常运营的情况下，同创始人心系一处，为其提供战略上的决策建议，也能在关键时刻根据企业遇到的问题和瓶颈给予专门的诊断指导，指点迷津，发挥医生般的作用，使企业少走弯路。正因为如此，顾问股也被称为医生股。对于顾问股，所占比例尽量不要超过15%。

第 2 节

创业合伙人如何分股权蛋糕

◆ 为何只有员工没有合伙人

创业，单打独斗有没有成功的可能性？当然有！只是进程会比较曲折，发展也会受限，创始人很容易心力交瘁，成功也可能是一时的，抵御风险的能力较差。

引入合伙人，团队创业，则能够互相弥补短板，提升决策水准，合伙人各得其所，优势互补，其眼界和高度都非个人创业所能比。

话说回来，没有合伙人的单打独斗现象，不是一句话能够说清，背后有很多主客观因素!

1. 没有合伙意识

天使投资人徐小平讲过一个案例：

有一次来了一位女士，我对这个产品非常喜欢，这个方向也很好。但是，她是百分之百的股东。我说你为什么没有一个合伙人？她说不需要，我没有什么重要的员工。我就说我绝不会投你，原因是什么呢？当时她不明白这一点。我认为你一定成功不了。这是已经被多次反复强烈证明的东西。

我看到的很多创业者也都是这种心态，认为凭一己之力完全可以打下一片江山，至于人力的问题，完全可以通过招聘途径来解决，没必要非要找人来跟自己分权分利。他们都认为，创业还是自己干，找合作伙伴会出现很多问题，甚至还会直接影响创业的成败。

为了避免出现问题，在合伙之前，创业者一定要考虑以下几个问题：

第一，自己的性格是否适合合伙创业。独立经营是只有一个人当创始人，其余的都是雇员，创始人自己说了算。而在合伙经营中，合伙人都是企业创始人，地位平等，不能一个人说了算。在合伙企业中，合伙人之间的关系与企业中创始人与雇员的关系不同，合伙人之间应该相互尊重、相互合作。合伙人之间的关系要比平常人之间的关系复杂。因此，一些缺乏团队精神、刚愎自用、合作意识差的人都不太适合合伙创业。

第二，自己能否独自承担创业风险。如果个人能够承担风险，性格上不太适合合伙，也确实不想引入合伙人，那么也可以单独创业。因为合伙人虽然可以帮助承担风险，但也会为你带来问题与矛盾，其利弊都很明显。

创业之初存在的诸多问题、无法规范的制度等都可能成为合伙人之间矛盾的导火线。当然，如果创业风险一人无力承担，就要考虑与人合作。

第三，你想从合伙人那里获得什么，所需要的东西是否一定要从合伙人那里得到。你要清楚地知道你需要从合伙人那里得到什么，是技术、资金，还是关系等。如果这些资源是你一个人的力量可以解决的，那么就应该仔细考虑一下有无合伙创业的必要。

2. 没有合伙人资源

雷军创立小米前，到处搜罗创业合伙人，一直到公司成立一年后，他还在找人，最终确立了小米的 8 人创业团队。

小米今天的合伙人班子各管一块，如果没有什么事情的话，基本上都不知道彼此在干吗，也不会制约彼此。大家都是自己的事情自己说了算，这样能保证整个决策高效地通过并实施。

新东方前总裁陈向东辞职后，先去美国休养了三个月。回国后，迅速组建了自己的合伙人团队，一个包括三名百度技术高管在内的六人核心团队创立了"跟谁学"。

类似的传奇还有很多，这些传奇让很多创业者津津乐道，但只可远观而难以复制！

名人效应、名企效应、VC效应使他们在寻找创业合伙人时，能够处于甲方状态，搜集在全国甚至全球范围内进行跨行业、跨界的精英。

这种条件和资源，普通创业者并不具备。创业者掌握的人脉和资源的丰富程度决定其能否找到合伙人，以及其合伙人阵容。

有很多所谓的创业导师和创业特训营，认为创业团队是为共同理想才走到一起的，这种想法是错误的。能让他们走到一起的只有利益！能够成为创业合伙人的，大多是"三同一老一亲"，即同乡、同学、同事，老婆，亲戚。由于信任度和了解度的问题，普通创业者极少有同陌生人合伙的。

找不到合伙人，只能说明你没有资源，没有人脉，或人脉质量不高，不足以成为创业合伙人。

3. 创始人魅力不足

人格魅力是一种很玄乎的东西，虽不可捉摸，但似乎又触手可及。

在莎士比亚的《李尔王》中，有一个人对素不相识的李尔说："在您的神气之间，有一种什么力量，使我愿意叫您做我的主人。"这里所指的是"什么力量"是一种天生的威严，是一种上位者不知不觉中散发出来的人格魅力。

史玉柱借助脑白金成功东山再起后，有人问他："你当初败的那么惨，是什么让你这么快就站起来，有什么秘诀吗？"史玉柱答："我没有什么秘诀，不过，我要感谢我的团队，我身边有二十几个核心成员，从我开始发展到巅峰到跌下来再起步，再发展，这些核心成员尤其是'四个火枪手'没有离开我，这就是我的资本。"

　　史玉柱二次创业初期，有很长一段时间，跟随他的人甚至连工资都没有。史玉柱所言的"四个火枪手"却始终不离不弃，他们是史玉柱大学时期的"兄弟"：陈国、费拥军、刘伟和程晨。能让人追随至此，除了人格魅力外，别无其他解释。在刘伟等团队核心人员看来，史玉柱也是一个重情重义的人。

　　2002 年，陈国出车祸不幸去世，史玉柱闻讯后连夜从兰州飞回上海，全公司停止一切业务给陈国办后事。以后每年清明节，史玉柱都会带着公司高层去祭奠。从那之后，为了安全考虑，史玉柱决定让高层用车都用 SUV，禁止在上海之外自驾车。与史玉柱一起爬过珠峰的费拥军说起追随多年的理由，用的是"亲情"一词。

　　有些创业者常跟我抱怨，不是我不想找合伙人啊，是没有人愿意跟我合伙。那么，问题来了！这其实是你没有魅力的问题，是你要找的合伙人不看好你和你的项目。在寻找创业伙伴之前，必须要清晰解答这样一些问题：你凭什么让他们放下工作、放下职位、放弃现有的光环、放弃不菲的收入跟你重新开始，为一份不甚明朗的事业不顾一切去奋斗？如果你不能从这些点上去说服他们，给他们一个可以期许的未来，那么合伙创业真的很难成型。

　　总之，你的魅力和项目还不足以将人家忽悠过去，不足以打动他们。在这种情况下，你只能单打独斗了！

◆ 股东就是能力的组合，如何组合

　　你能走多远取决于你与谁同行！创业路上充满磨难艰辛，有几个志同道合、立志高远的伙伴（股东）陪伴，能增添几分成功的把握。但是股东之间的合作不是人员的简单叠加，而是能力的组合，股东之间要做到"力往一处用，劲往一处使"，这样才能发挥出"1+1 > 2"的效果。

股权分配机制就是用现在的名和未来的利把当下最有能力、潜力且和创始人立场统一的人，统一成一个利益共同体（股东共同体），定好未来与当下的分配规则，就有可能再创奇迹。

【案例】
不合理的股东能力组合

这是一个创业失败者的自述：

"我是一个二十几岁的愣头青，合伙人是一个将近四十岁的女人，这样的组合很难让人信服我们的专业能力和公司水平。其实，失败的原因主要是我，合伙人无论是行业经验、专业水平，还是提案、气场，都没什么问题，但她身边站个我就出现问题了。

每次与客户面谈时我都会紧张，一是我之前完全没有这种在公众面前发言的经验；二是我性格有些内向，普通话本来就不流利，一紧张更结巴，可想而知我给合伙人带来的负面影响有多大。

事后我仔细考虑，也跟她提过：假如下次再有机会，我们宁可花钱请个有气场、形象和谈吐能力都能够压得住场面的人陪你去，也不能再让我站在你旁边，我们还是回到各自分工的战场，你对外拓客，我负责内部运营。可惜，我们再也没有了'下次'。

一家公司创办人的形象、气场，直接决定了一场商务谈判的成败！"

这番失败感言，可谓字字真言，教训无比沉痛。显然，这家创业公司是由于股东能力组合出现了问题，核心合伙人不具备相应的沟通能力，导致企业业务拓展的失败。

在实际操作中，找到合适的股东不是一件容易的事，

1. 股东的角色组合

公司股东（合伙人）通常需要这样几种角色。

（1）战略家：格局宏阔、视野宽广、野心勃勃，能够高瞻远瞩，制定公司战略。

（2）执行者：要接地气、执行力强，擅长带领大家去落实各项决策。

（3）社交家：社会经验丰富，能够游刃有余于各种圈子，善于挖掘资源、整合资源、利用资源，为公司发展争得一个良好的外部环境。

（4）内训师：凝聚力强，心态积极，是团队的正能量场，能增强团队的向心力。

2. 股东的互补性要强

公司股东、核心团队成员间应该具有互补性。这种互补性，既包括知识、经验上的互补，也包括性格、能力上的互补。

【案例】

"中星微"的股东搭配

邓中翰在创办"中星微"的时候，首先找到的合作伙伴是斯坦福大学的电子工程学博士杨晓东，他有在英特尔和惠普的工作经历，长期从事 CMOS 大规模集成电路系统的研究，有技术特长。接着，邓中翰又找到了移民加拿大的老同学金兆玮，这位成都电子科技大学毕业生有着丰富的市场经验。

当核心团队组成后，大家专门做了如下分工：

邓中翰是一个知识结构和能力都很全面的人，做事情喜欢从全方位考虑，所以主持大局；说话和走路的频率都比别人快的杨晓东则是对技术充满了激情，便专注于技术；金兆玮"和再难缠的人都能打交道"，所以抓销售。

◆ 合伙人股权如何估值、如何分化

创业公司股权设计和创业团队股权分配，无论从哪个角度切入，都很难精准计算各方的确切持股数量。如果算小账，短期内根本没法精确计算，也无从下手。

股权架构设计只能是算大账，做模型，把创始人团队分利益的标准统一，让团队感觉相对公平合理，股权不出现致命的结构性问题，此为第一指导原则。在具体股权分配时，创始人可参考以下操作方案。

1. 按合伙人贡献的市场价值进行估值

合伙人创业时，有的提供项目、有的提供场地或资金，还有的提供技术或销售渠道、融资渠道。由于各创始人所做的贡献性质不同，其市场价值似乎没有一个等价对比的方法，也没有一个折价的依据。因为在创业前期，很难说资金比技术更重要、技术比销售渠道更重要、销售渠道比融资渠道更重要。

所以，把合伙人不同的贡献如何折换成股权是很多创业者头疼的问题，大多都是采取"拍脑袋"的方式进行股权分配，而缺少了一种数学模型的支撑和理论依据。这很可能会埋下隐患，不定时爆发。

有没有一种计算方法，可以将合伙人的各种贡献在同一纬度上进行量化呢？这样做既能使计算比较科学客观，也能让各合伙人心服口服，避免日后发生纠纷事件。

市场价值估值法能够很好地解决这一问题。它根据各创始人提供贡献的当时市场价值进行估值，将各人的估值进行汇总，再计算各个创始人在贡献总估值中所占比例，这个比例就是各人所对应的股权。

例如，合伙人 A 按照人力市场行情，工资收入在每月 15000 元左右，创业前期只领取 5000 元的基本生活费，那么还有 1 万元是 A 应得的但公司没有支付的这部分钱就应该折算成 A 对公司的净投入，算作对公司的投资。A 在公司中的股权，就可以参照他的个人投资额占公司总投资额的比例进行估值。

同理，按照这种计算方式，应当先折算创始人对企业各种投入的价值，加起来计算出总投入的价值，然后再折算每个人的投入价值占总价值的比例。比如，甲投入的研发工作，估值为 30 万元；乙投入了资金，估值为 20 万元；丙投入了办公场所和办公设备，估值为 10 万元；丁投入的人力成本估值为 15 万元……所有合伙人的投入总估值为 100 万，那么甲、乙、丙、丁所对应的股权分别就是 30%、20%、10%、15%。

2. 各种投入要素的估值

市场价值估值法最重要的一个环节是估算各种投入的价值。

1）时间要素估值

时间是创始人对公司的一个必不可少的重要贡献之一。时间要素的估值可以按照当前人才市场上通常的薪资标准来折算。比如，创始人 A 以其当前的学历、资历、能力、专业背景，在其他公司的同类岗位上能提供什么水准的薪资标准，这个薪资标准就是他的时间要素价值。

时间要素的估值会直接决定相关创始人的定位和工作积极性。比如，合伙人 B 的薪资标准应在 2 万元左右，如果创业公司开始就为其提供 2 万元的月薪，那么就相当于 B 没有为企业投入任何时间价值，实际上他只是个被雇用的员工而已。如果企业为其提供了 1 万元的月薪，那么另外 1 万元的差额就是 B 的时间要素估值。

简单来说，合伙人在创业公司从事的工作，如果按市场行情价值 1 万元，而他却一分钱工资也不拿，就等于为公司节省了 1 万元的工资成本，或者说是为企业赚取了 1 万元的人力投入。那么，这 1 万元就是他对公司的时间贡献值。

时间要素的估值，要本着以创业公司"本应该发给合伙人但实际没有发放"的工资原则，来作为合伙人的投入或贡献。

2）现金估值

现金对于初创企业尤为重要，在创业公司前景不甚明朗的情况下，对公司投入现金，意义重大。现金估值分为两种情况：一是内部合伙人的现金投入，一般要按其实际金额并结合合伙人的其他投入进行综合估值；二是外部投资人，即只投入资金，不在创业公司从事具体事务的投资方，其现金估值应酌情压缩，以免资金股坐大，出现不必要的纠纷。

比如，某个创业公司中：

- A、B、C 三人创业，A 方出力并负责创业企业日常运营，B 出力并主要负责事务性工作，C 只出钱，不负责具体公司事务。
- 第一年 A、B、C 三人都不领工资。
- 如果人才市场雇用 A 这样资历的人才、从事 A 在创业企业里的工作，应该付给 A 的年薪是 24 万元。
- B 在人才市场的此职务年薪应该是 16 万元。
- 创业前期，A、B 都没有现金出资，C 可以提供 40 万元。
- 由于该创业项目前景很好，A、B 两人发挥的作用非常大，具有不可替代的地位，直接决定创业项目的成败。三人经过商议，同意 A、B 按投入要素实际价值的 2 倍进行估值，C 则按实际出资额的 0.5 倍行估值。

这样，A 的投入估值为 48 万，B 的投入估值 32 万，C 的投入估值 20 万，加起来三方的投入合计估值为 100 万，所以 ABC 三方的股权比例分别为 48%、32%、20%。

3）实物出资要素估值

合伙人向创业公司提供的实物出资也可视为现金投资，不过需要折换成相关物资的当下市场购买价值。这样的实物资产必须至少满足以下条件之一。

第一，该实物资产是创业公司的必须资产。必须资产是指离开这些资产，公司就无法正常运营。比如，基本的办公家具、电脑、打印机、传真机等，而对于不是创业公司的必须资产，就不应归入实物出资的范畴，如鱼缸、加湿器、微波炉等。

第二，该实物资产是为创业公司的运营而特意购买的。比如，各种办公用具、电器，如果合伙人从家中搜集一些闲置的办公用品，如电脑、清洁用具等，则视为义务支援，不归入实物出资的范畴。

实物出资要素的估值，可以根据市场价来评估。比如，实物资产如果是全新的，则按市场购买价来计算；如果是折旧资产，则以二手物品的实际成交价格来计算，具体可参照一些二手物品交易网站的价格。

4）创意要素估值

创意出资主要是指专用技术、知识产权、产品，合伙人向创业企业提供的创意要素的市场价值，就是合伙人对公司的投入。如果合伙人不愿意把知识产权转入公司，只希望授权创业企业使用，那么知识产权许可使用费也是创始人对公司贡献的价值，可以按照企业"应该支付，但未支付"的许可使用费，计算知识产权许可使用的价值。

5）其他资源估值

如果公司合伙人或是合伙人的外部朋友能为创业公司提供重要的资源，公司暂时无钱支付的话，也可以酌情根据相应资源的市场价值，进行估值后折算成对创业公司的贡献值，给予一定的股权。

3. 合伙人股权怎样组合

股东之间股权的划分不仅涉及核心利益的分割，更会影响企业的长远发展与稳定，务必要做到科学合理，如表2-5所示。

表 2-5　科学合理的股权划分细则

股东数量	划分原则	应避免的划分方案	合理的分配方案
2 名股东	避免均分，老大要清晰	•50%：50%（股权均分） •65%：35%（博弈型，小股东可一票否决） •99%：1%（大股东吃独食）	•70%：30%（老大清晰） •80%：20%（老大清晰） •51%：49%（一大一小）
3 名股东	1>2+3（即大股东比例要大于二、三股东之和）	•各占三分之一 •35%：18%：18%：29% •93%：4%：3% •40%：40%：20%	•70%：20%：10% •60%：30%：10%（老大清晰，能够进行快速决策）
4 名股东	2+3+4>1	•25%：25%：25%：25%（均分） •94%：3%：2%：1%（老大独大）	•40%：25%：20%：15% •35%：29%：20%：16%

◆ 定规则：团队中要有一锤定音的决策者

请记住，没有永远的朋友，只有永远的利益。怎么让合伙人在追逐梦想、打造事业和快速成长中不迷失呢？答案是一定要定好规则！合伙创业，合伙人之间既要有软交情，也要有硬规矩，创业之路才能长期地走下去。

1. 合伙人中要有一锤定音的决策者

合伙人团队中最怕没有大家都信服的决策者，企业的股权架构设计，核心是决策者的股权设计。如果决策者的股权设计不清晰，那么企业股权将没法分配。决策者一定要有一锤定音的决策权，否则，等待企业的将是无穷尽的矛盾和内耗。

【案例】

"西少爷"的股权纠纷

"西少爷"将传统肉夹馍和互联网营销手法相结合，曾火爆一时。"西少爷"第一家店开业不到一周就有投资人找上门来投资，且给出了4000万元的估值。

"西少爷"有三个合伙人：孟兵、宋鑫、罗高景，持股比例分别为40%、30%、30%。肉夹馍是他们的第二个创业项目，转型后，第四名合伙人袁泽陆加入。

正当公司发展如日中天时，"西少爷"的几个合伙人却由于股权架构和引资问题起了内讧，大股东孟兵提出，为了公司日后发展需要，希望公司能组建VIE结构，提升自己的投票权权重（是其他合伙人的3倍），对此，其他三名合伙人都感觉很惊异。经过协商，罗高景和袁泽陆表示可以接受孟兵拥有2.5倍的投票权，宋鑫却始终没有同意。

于是，一场漫长的股东内斗就此开始，先是宋鑫被踢出管理层，后来宋鑫又另起炉灶创办"新西少"肉夹馍，最后，他们更是因为分红问题闹上了法庭。

"西少爷"合伙人在股权上没有分出绝对的决策者，而在实际决策权上也没有一锤定音者，谁也不服谁，谁也不具备"一言堂"的绝对权威。

创业公司有一个清晰明确的决策者是非常必要的，诸如苹果、微软、谷歌、腾讯、阿里巴巴、百度、小米……这些互联网企业都有清晰明确的决策者。有决策者不意味着专治，决策者不一定要控股，但一定要有对公司的控制权，通过各种财务设计，如AB股计划、事业合伙人制等确保决策者对公司的控制力。创业合伙团队的决策机制，可以民主协商，但意见有分歧时必须集中决策，一锤定音。

在公司股东会和董事会的博弈中，公司的决策者只有具备了控制权，才能拥有话语权掌控公司，创业公司才不会沦为赌徒手里不断转售的纸牌。决策者在底层运营层面适度失控，公司才能走出决策者的短板与局限性。

而那些没有明确决策者的创业团队，看似平等民主，实则会严重影响企业的决策效率，时间长了，甚至会引发创业团队内部的股权战争，人为财死，鸟为食亡，当利益达到一定程度时，什么伙伴、友谊之类的东西都得靠边站，最好的办法是先小人后君子，提前在制度上做好设计，规避后续纠纷的出现。

2. 公司要有实际控制人

公司必须要有实际控制人，这个控制人一般就是创始人，通常是发起创始人。

通常，在公司股东会与董事会的顶层决策需要控制，但需要发挥人的天性与创意的底层运营需要"失控"。一家公司，只有确立了控制人，公司才能有明确的主人及果断的决策和运营的方向。

创始人要控制公司，最简单、直接、有效的办法是掌握控股权。非上市公司的控股权在操作上相对容易，事实上，经过多轮融资的公司，或是已经上市的创业公司，创始人和创始团队的股权已经被充分稀释，极少有人能掌握控股权，常见的情况是核心创始人作为公司的最大股东而存在。

上市后，创始人持有多少股权，才算是比较合理的呢？阿里巴巴的马云是 7.8%，腾讯的马化腾是 14.43%，"360"的周鸿祎是 18.46%，京东的刘强东是 20.468%，百度的李彦宏是 22.9%。谷歌的佩奇与布林分别是 14.01%、14.05%，Facebook 的扎克伯格是 23.55%。

因此，上市公司核心创始人的股权大多在 20% 上左右。

当然，不控股也有控制公司的操作空间。比如，投票权委托、一致行动人协议、有限合伙、AB 股计划等都可以是备选方案。例如，京东上市前用的是投票权委托，上市后用的是 AB 股计划，上市前后无缝对接。

这是相对的"失控"，这样公司才能走出创始人的局限性和短板，具备爆发性裂变的基因和可能性。控制中有失控，失控中有控制是公司控制的最高艺术。

3. 合伙人要具备契约精神

马克斯·韦伯在《新教伦理与资本主义精神》一书中从宗教角度，为资本主义在西方兴起找到了一个合理的解释："在传统商业文明下，契约代表着商业关系双方的一种承诺，将信用与契约紧密联系在一起。传统商业文明构建在契约基础之上，而不断发展的商业文明又反过来催生了西方文明社会的主流精神——契约精神。"

契约精神产生于商品交易高度发达的社会，而中国数千年历史一直是自给自足的农业社会，交易匮乏，人们没有契约精神。

契约，包括有形契约（如合同、制度）和无形契约（如承诺），合伙人之间要有契约精神，契约精神是合伙创业和企业家精神的灵魂，有契约精神才会有"在商言商"的商人精神和责任意识。

而合伙人股权分配最核心的原则也是"契约精神"。对所有的合伙人而言，股权一旦定下来，也就意味着利益分配机制定好了，除了后期的调整机制，每个人都要尽最大努力为共同的事业奋斗，这是最基本的要求，而不是时刻考虑自己所占的股权比例和贡献度。

创始人需要明白这样一个道理：如果创业成功了，那么即使占股 1%，分到手的也会很多；如果创业失败了，就算占股 99% 也毫无价值。

◆ 合伙人不是雇员：雇员心态要不得

第一创始人要给合伙人多少股份才合适呢？答案并不是"多"或"少"，而是"足够"。因为不同的人、不同的产业，拥有和需要的资源是不一样的。你需要给这群人足够的股份，让他们觉得这是自己的事儿，让他们去拼命；让他们觉得不是在为你打工，而是在替自己干活；让他们觉得这不是你的企业，而是他们自己的企业，不要让合伙人再有雇员心态。

一个做电商的互联网公司，创始人是互联网行业出身，来自某寡头企业，他的联合创始人是做下游供应链的，按理说是一个很不错的组合，也不存在谁主谁次的问题，完全平等的创业伙伴。股权划分可以是 50、50 的股份、60、40 的股份、70、30 的股份，最不济也应该是 75、25 或 80、20。后来这家企业破产了，其他人才知道那个联合创始人只拥有 1% 的股份，这哪叫合伙人，老二、老三都称不上，充其量是个有点权益的打工者，是创始人的伙计而已。

另外，创业团队的老大千万不要用"雇员心态"对待合伙人，如果像对普通管理者和员工一样颐指气使，这样的合伙也不会长久，必然会出现间隙。别忘了，人家也是付出真金白银跟你一起创业的伙伴，都是对公司承担责任、享受权益的合伙人，不存在上下级的关系。合伙人之所以叫合伙，不是谁雇用谁。既然合了伙就是要共创、共享、共担，这个非常重要。

当然，如果某个大哥光环特别耀眼，其他合伙人愿意听从号令，那就无可厚非。就像阿里巴巴的合伙人团队，小米的合伙人团队，我相信马云和雷军一定具有非同一般的权威。尤其是马云，很可能是说一不二。

话说回来，创业早期，对合伙人和核心员工不要有雇员心态，但是该有的普通雇员还是要有的，如何拿捏这个度呢？

什么是合伙人？一个人不拿工资也能替你干事，他就是合伙人！

什么是雇员？一个人拿工资，但不会切你的蛋糕、分你的股权，他就是雇员！

当你需要将某个业务大方向交托出去，你需要合伙人；

当你需要将某个具体的任务分配出去，你需要雇员。

在任何时候，你都需要合伙人，不要在乎所得蛋糕的比例，而要在乎蛋糕能做到多大。在不确定一个人能否成为合伙人之前，可以先让他成为雇员，因为雇员有机会转为合伙人；就算你看中一个非常棒的人才，也不要立马指定他为合伙人，因为合伙人很难降格成为雇员。

你应该慎重地选择合伙人，因为不称职的合伙人会带来灾难，而踢掉他们的过程缓慢而痛苦。

◆ 好聚好散：明确退出机制

合伙人合伙，就像结婚，有结婚，就有离婚，合伙人退出时怎么办，股权如何处置？不少创业者对此都没有一个明确的概念，完全没有合伙人退出机制，这会给后续的公司运营带来很多麻烦。

一些公司，前期某个合伙人仅出资5万元，就拥有公司30%的股权。后来，由于合伙人个人原因，导致不能继续在公司任职，所以退出。

合伙人离职后，坚决不同意退股，他的理由是：

（1）《公司法》没规定股东离职就得退股。

（2）公司章程没有约定。

（3）股东之间也没签过任何其他协议约定，甚至没有对退出机制做过任何沟通。

（4）他出过钱，也参与了创业的关键阶段。

而其他合伙人则认为如果他不退回股权，既不公平也不合情合理，但由于事先没有约定合伙人的退出机制，对合法回购退出合伙人的股权束手无策。

合伙人取得股权是基于大家长期看好公司发展前景，愿意长期共同参与创业；合伙人早期拼凑的少量资金并不是合伙人所持大量股权的真实价格。

股权的核心价值在于所有合伙人与公司长期绑定，通过长期服务于公司去赚取股权。如果不设定退出机制，允许中途退出的合伙人带走股权，对退出合伙人公平，但却对其他长期参与创业的合伙人不公平，其他合伙人也会因此没有安全感。

对于合伙人可能退出的情形，应当提前制定预警性的退出机制。

（1）在企业初创期，合伙人的股权分为资金股与人力股，资金股占小头，人力股占大头，人力股至少要和一定的服务期限挂钩，甚至与核心业绩指标挂钩，如果合伙人未能完成服务期限，或未能达到相应的业绩指标，则其股权的处置应当按约定政策执行。比如，可以在一定期限内（一年之内）约定股权由创始股东代持。

（2）如果合伙人离职，资金股与已经成熟的人力股可以兑现，但未成熟的人力股应当被回购。

（3）股东中途退出，公司或其他合伙人有权股权溢价回购离职合伙人未成熟、甚至已成熟的股权。

（4）鉴于国人"谈利益，伤感情"的观念，合伙人之间首先就退出机制的公平合理性充分沟通理解到同一个波段，做好团队的预期管理，然后再做方案落地。

（5）对于离职不交出股权的行为，为避免司法执行的不确定性，约定离职不退股须支付高额的违约金。

（6）合伙人跟配偶应就创业股权进行钱权分离。很多创业者容易忽视的是，创业合伙人的配偶其实是背后最大的隐形创业合伙人，因为法律规定婚姻期间的财产属于夫妻共同财产，当然也包括配偶在公司的股权，除非夫妻间另有约定，否则创业者一旦离婚，其直接结果是公司的股权发生变更，甚至会导致实际控制人发生变更。比如，土豆创始人王薇就因为配偶股权纠纷，影响了土豆的最佳上市时机，后来为此付出了巨额代价。为了既保障公司股权与团队的稳定性，又兼顾配偶合理的经济利益，稳固创业者后方和谐的家庭关系，应设立配偶股权条款，其基本原则是：一方面，要约定股权为创业者个人财产；另一方面，创业者还要同意与配偶分享股权变现利益，做到钱权分离。

创业公司如果遇到合伙人退出，应按上述约定或其他特殊约定和平进行，不应反目成仇。在执行退出合伙人股权回购时要遵循两个原则：

第一，承认合伙人的贡献。对于退出的合伙人，一方面，可以全部或部分收回股权；另一方面，必须承认合伙人的历史贡献，按照一定溢价或折价回购股权。这一点不仅关乎合伙人的顺利退出，也事关公司形象乃至公司长久文化的塑造。

第二，回购价格的确定。对于退出合伙人股权回购价格的确定，要考虑两个因素，一是退出价格基数，二是溢价／或折价倍数。比如，可以考虑按照合伙人购买股权价格的一定溢价回购、或退出合伙人按照其持股比例可参与分配公司净资产或净利润的一定溢价，也可以按照公司最近一轮融资估值的一定折扣价回购。

第3节

让干活的人拿大头

◆ 核心团队（操盘手）股权激励实操要点

现代企业职能分工趋势越来越明显，创始人（股东）拥有企业的所有权，外聘的操盘手（核心团队）负责公司的日常经营，这就是现代企业治理的两权分立机制。

这种委托代理关系本质上仍是一种雇佣关系，操盘手扮演的不过是高级打工者的角色。在这种关系下，创始人和操盘手之间存在着一种天然的矛盾，创始人最大的担忧是操盘手不能对公司尽心尽力，倾注全部心血。创始人的担心不无道理，企业经营上委托代理关系通常会带来以下两大问题。

首先，信息不对称。伴随着操盘手的介入，创始人逐渐退出企业经营一线和管理实践，进而无法即时掌握来自企业一线的关键信息，也无法根据企业实情做出准确而合理的判断与决策。创始人的信息来源主要依靠操盘手的汇报，但其坐镇后方只能依据操盘手提供的二手信息对企业竞争状况进行总体评判。由于诉求不一致，操盘手往往会站在自己的立场上有选择性地向创始人进行汇报，或者为了达到某种目的，进行某种误导，提供歪曲性的信息。

其次，契约不完全。创始人和操盘手的委托代理制建立在委托契约之上，而契约再完美、再详尽，也不可能将所有在未来委托合作中可能出现的未尽事宜和突发情况囊括在内。因此，即使操盘手在委托代理过程中出现一些失误，创始人可能也无法完全按照契约去追究其责任。

基于以上问题，委托代理制很可能会给创始人带来一些不可控的风险，而操盘手为了规避风险、避免过错，也会有意无意地抱着"不求有功但求无过"的心态，顺利地履行至合同约定的期限，一旦合约到期就会另谋出路。

更为严重的是，操盘手为了给创始人提交一份短期的满意答卷，往往会大力主导一些见效快的项目，对一些契约规定之外的事项或企业战略规划则睁一只眼闭一只眼，从而错失战机。更有甚者，一些操盘手利用自身职务之便，对创始人行欺瞒之事，损害公司利益。

那如何化解这种矛盾呢？最佳方案是对操盘手进行长期激励，即股权绑定，使创始人、公司、操盘手的利益合二为一，避免出现伤害企业的短期性行为。

1. 操盘手股权激励的方式

1）给予股权

给予操盘手股权是最简单直接的激励方式，主要操作方式有：

- 从预留的期权池中，拿出一部分股权给予操盘手；
- 创始人（大股东）将个人股份以优惠价格转让给操盘手；
- 操盘手作为新进股东以优惠价格对公司进行增资。

直接给予股权是一种最有效的激励方式，时效也长，将操盘手由打工者变身为公司所有者，利于公司长远发展。

2）间接持股

创始人（股东）另外成立持股平台（公司），由持股平台对目标公司进行持股，这样就可以在新的持股平台层面，对目标公司操盘手进行股权激励，企业的实际控制人可以通过适当的股权设置，以51%股权控制该平台，进而间接达到控股目标公司的目的，对于控股权之外的数额，可以酌情对操盘手进行股权激励。

3）股份代持

这种情况多发生在初创公司，公司创立时，操盘手也会出资购买公司的部分股权，这部分股权由公司的实际控制人（创始人、大股东）提供，双方签订《股权代持协议》约定股份占有比例，但不在公司工商登记信息中明示。

2011 年通过的"公司法司法解释三"对这种股权代持关系的合法性予以了肯定，保障了被代持方的合法权益。当然，由于被代持股东并未位列股东名册，也就不能通过股东大会来行使股权。

根据公司法规定，被代持的实际股东只有经过其他半数以上股东的同意，才能变身为公司的工商登记股东，享有股东的全部权益。

4）期权

期权是指股份有限公司承诺公司操盘手，可以在一定期限内（即股份期权的有效期）按固定的价格（即行权价格）购买一定数量的公司股份。

2. 操盘手身股激励的两种形式

前文我们谈及的身股尤其适合对公司操盘手（核心团队）的激励，主要操作方式有定额身股和固额身股两种。

定额身股又有三种模式，我称之为"定额身股三部曲"。

1）定额人数与股数

确定操盘手和核心团队的人数，以及授予身股股数。

2）超额身股

操盘手在公司原来经营目标的基础上，超出目标多少就给予多少比例的身股奖励。

3）既定额，又超额：定额身股＋超额分红

这里所说的超额是指超出了公司营业额或利润额就超出部分拿出一定的比

例直接奖励给操盘手。

例如：公司年度利润小于 1000 万，拿出利润的 10% 额外（身股分红之外）奖励操盘手；如果公司年度利润大于 1000 万，则拿出利润的 30% 额外奖励操盘手。

给操盘手或其他员工分配股权时，很多创始人都会有这样的认识误区：

一提到股权，大多数企业都采用"做减法"的方式，即把原有的 100% 股份逐步释放出去，不断向外分发，其结果自然是原有的存量越来越少，总有一天股份会变为零，而且，能够分到股份受到激励的人有限。事实上，股权激励完全可以"做加法"，也叫作"虚拟转换法""无中生有法"。

固额身股具体又分为两种形式。

1）固定股数与人数

即固定待分配的股数和操盘手人数，如公司拿出 15% 的股份，用来奖励公司的 5 名核心高管。

2）固定股数与增加人数

接着上面的举例，假如公司 5 名操盘手获得股权激励后，潜力大爆发，公司业绩在第二年度实现了 80% 的增长，利润和分红也有了大幅度增长，伴随公司规模的扩张，面对日益增加的业务线和新市场，原有的 5 名操盘手在人手上已经捉襟见肘，迫切需要增加高管人手，扩充操盘手队伍。

这时，只要 60% 的操盘手同意增加高管，那么公司就可以引入新的操盘手。而新进操盘手的利益分配和股权分配，都要从原有 5 名操盘手 15% 的蛋糕中进行切分。如此一来，就避免了高管人才引进的盲目性，除非是确实能为公司发展和利润增长带来直接帮助的人才，否则原有操盘手团队不会允许有人"虎口夺食"。

◆ 循序渐进：员工入股三步骤

民营企业的员工多数心里都有一种强烈的打工心态，认为企业是创始人的，自己不过是在此谋生的一个外人，因此，极少有员工会产生一种同企业共存亡的主人翁精神，对企业的归属感和忠诚度一般都比较低。

找十个帮忙的，不如找一个拼命的！创始人要想办法让每个员工都动起来，利润才能随之而来，要让员工有机会成为股东，"有恒产者有恒心"，随着现代公司制度的不断完善，对普通员工的股权激励正变得越来越普遍。

股权激励与常规的个人绩效激励有着本质的不同，后者只是对个体员工的绩效表现进行单独奖励，而且其结果往往是"零和"性的，企业的绩效评估体系会挑起员工之间的不正当竞争，而股权激励则不同，它使得员工的个人追求同公司的整体目标成功挂钩，人人都能受益。

【案例】

360 奇酷员工股权激励计划

2015 年 5 月，由 360 集团和酷派集团共同投资成立了 360 奇酷手机，截至 2015 年底，公司拥有近 1000 名员工。

2015 年 12 月 8 日，周鸿祎在一封内部邮件中提到了员工股权激励计划：

"各位奇酷的同事们，2015 年是手机行业竞争愈加激烈的一年，也是我们创业途中最为艰辛的第一个年头。公司在成立之初，我就已经确定了员工股权激励计划，要邀请员工成为智能手机的新兴创业者，成为 360 奇酷的合伙人，与 360 奇酷共同成长、共赴未来、共享收益。今天，我们正式启动员工股权激励计划。

······

对于每一位员工来说，在竞争激烈的血海中拼杀，大家的创新力、执行力与主动性将是我们取得成功的关键因素。如果以打工者的心态应战，我们根本无法绝处逢生。只有首先成为真正的创业者，才有可能成为行业的创造者。"

随后，360奇酷人力资源部发布了员工股权激励授予计划的细则。

（1）首授比例：授予员工总股权的60%作为本次首次授予的比例。预留40%做为对业绩优秀员工再次授予的资源池。

（2）首次授予范围：首次授予股权的人员范围包括，专业经理级或高级工程师级(含)以上的员工。未获得首次授予的员工，有机会在后续授予中获得股权激励。

（3）授予形式：公司授予员工(非高管)的股权形式是限制性股票，员工不需要出资购买。

（4）授予后归属进程：授予后，分五年归属，每年归属20%。员工每年实际归属的比例，与个人绩效等方面挂钩，具体细则以董事会批准通过的《员工股权激励计划》为准。

（5）保密要求：授予数量遵守保密原则，员工间不得相互打听、交流，也不得对外部透露信息。

周鸿祎曾说："如果以打工者的心态应战，我们根本不可能绝处逢生。"如今，各个行业基本都已陷入血海厮杀，员工的打工心态无疑会严重削弱企业的竞争优势，股权激励是消除员工打工心态的一剂良药。对员工的股权激励，通常有三种形式。

1. 奖励股权

对符合条件的员工直接发放股权，员工无须支付费用，如阿里巴巴旗下的"独角兽"公司蚂蚁金服，实施的就是全员持股，其中P7级别的员工被奖励的股份大约4000股，P8级别的大概8000股，P9级别的则为16000股。

2. 员工出钱买股权

员工以优惠的内部价格来获得公司股权，如 2008 年 12 月，华为推出"配股"公告，此次对内配股的股票价格为每股 4.04 元，几乎所有在华为工作一年以上的员工都可以享受此次有偿配股，这次内部配股规模接近 20 亿股，从根本上奠定了华为全员持股的股权结构。

3. 期权股奖励

根据员工能力和日常工作表现及业绩，给予期权奖励。例如，阿里巴巴的员工 P6 级别及以上的员工，就有获得期权奖励的资格。员工根据所处级别对应期权股票数额。阿里巴巴的员工期权一般会分成 4 年发放，每年发放 1/4。

对于成长型的中小企业，以上三种形式的股权激励，也可以综合进行，如采取"买一送三期十"的形式，加入公司估值 100 万，员工投资 2 万，则其享有股权为：2+6+10=18%

◆ 阶梯化：员工四类股东制

员工激励应因人而异，不同类型的员工须采取不同的激励方式，不可一刀切。

1. 对工作有信心的员工

对工作有信心的员工，有着起码的胜任能力和职业素养，可为其提供工作机会，根据工作表现和业绩来制定工资和奖金。

我们知道，即便是同一个职位，由不同的人来做，也会创造出各不相同的价值，拿到高低不等的薪水和奖金。

我看过一个"九段秘书"的案例很有代表意义，如表 2-6 所示。

表 2-6　"九段秘书"

段位	做派	表现	月薪
一段秘书	发通知	通过电子邮件或白板简单发送通知，准备会议用品	600 元
二段秘书	抓落实	通知后，会打电话跟参会人一一沟通，确保没有遗漏	800 元
三段秘书	重检查	会提前半小时再次确认参会人是否有变动，是否有特殊情况，并及时通知总经理	1000 元
四段秘书	勤准备	提前测试可能用到的会议设施是否正常，在会议室门口张贴会议的具体时间，以作告示	1500 元
五段秘书	提前量	提前让参会人知悉会议内容，发放相关资料，供他们参考，做好准备，提高会议效率	2000 元
六段秘书	做记录	在会议过程中，做好详细的记录，必要时进行录音录像	3000 元
七段秘书	发纪录	整理好会议记录，呈报总经理，并请示是否需要抄送给其他参会人员，以及公司其他人员	5000 元
八段秘书	定责任	将会议确定的任务，一一落实到相关责任人，形成书面备忘录，交给总经理及当事人，定期跟踪任务完成情况，并及时汇报给总经理	10000 元
九段秘书	做流程	将上述会议过程固化成标准的会议流程，形成任何秘书都可以拿来参考的会议服务流程体系	30000 元

同样是做秘书，同样是准备开会这样一个简单的任务，但不同的细致程度和做事风格，却决定了当事人所具有的截然不同的价值，如果将这一价值体现在数字上，就是值多少钱，能拿到多少薪水。

2. 对自己有信心的员工

对自己有信心的员工有着极强的主观能动性，往往具备独当一面的能力，这种人才可为其提供施展才能的舞台，如让其掌管分公司，或去负责新项目、新市场的开拓，同时配合以股权和分红激励。否则，这类员工如果得不到充分激励的话，极有可能另起炉灶。

2010 年 10 月，在由包括稻盛和夫先生在内的 200 多名日本企业界精英出席的"2010 稻盛和夫经营哲学国际（青岛）论坛"上，好利来投资有限公司董事长兼总裁罗红先生用其亲身经历回答了这个问题。

今天的成功，我觉得和稻盛先生说的一样，人生的价值观是最为重要的。我记得我离开大山的那一天，是我们父子俩第一次面对面地坐下来进行了一次很正式的谈话。

父亲告诉我："明天你就要出发了，儿子，今后无论你走到什么地方，做任何事情一定要对得起自己的良心，走到什么地方都要给身边的人带去快乐，绝不可走一番黑一番。"

我带着父亲的教导走出了大山去学习摄影，去做一名学徒，我非常的努力，白天学习晚上看书。可以说每天只能睡两三个小时，经常骑着自行车都撞到街边上了，最惨的一次撞到了一辆粪车上。

但是我真的很努力，所以两年下来，我的创始人找到了我哥哥、爸爸妈妈对他们说："让孩子自立门户吧。"

我哥哥就问："为什么，我弟弟不听话吗？"

他说："不是你弟弟不听话，是你弟弟太让我们感动了，他太努力了，我们这家店太小了，应该给他更大的空间让他去成长。"

所以，哥哥、父母亲听完了以后，给了我一些钱，于是有了我人生的第一家摄影店。

和稻盛先生说的一样，我付出不亚于任何人的努力，每天都顾客冲洗底片，底片脏了我又帮顾客洗干净，我会把我有限的知识不断地告诉顾客，一张人像怎么照才照得好，传授给无限的人，我用这种热情使我的店成为成都最火的摄影店。

拼搏到无能为力，努力到感动自己！这是罗红的工作态度。遇到这样的员工，假如你是创始人，你会怎么做？

3. 对公司有信心的员工

对公司有信心，看好公司的未来发展前景，与公司不离不弃的员工，可视其潜质予以重点培养，重点录用，作为公司各大模块的负责人（高管）来培养，同时授以股权，同公司一同成长，一同获益。

童文红是阿里巴巴集团 27 名合伙人之一，现任菜鸟网络总裁，被称为"最励志"的合伙人。

2000 年前童文红进入阿里巴巴做前台，马云分配给这个前台 0.2% 的股权，告诉她："将来阿里巴巴上市，市值会达 1000 亿，你就在阿里干，不用到其他公司干了，等公司上市了你就有一个亿了。"

童文红的奋斗之路就是从阿里巴巴的一名前台做起的，之后她陆续做过集团行政、客服、人力资源等部门的管理工作，一直做到阿里巴巴资深高级副总裁、菜鸟网络总裁。

童文红从职场菜鸟到身家亿万的公司合伙人，坚持是一方面，更重要的是她一直看好公司的未来，同公司的利益紧密捆绑，生死与共，以创始人的心态对待工作。

童文红说："很多时候，如果你想得到创始人的赏识，最好能以创始人的思维打工。如果一个员工的思想是错误的，那么这个员工学历再高，能力再强，也不可能成为一个好员工。因为一个人的思维会决定一个人的行为，一个人的想法会决定一个人的做法。所以，企业招聘员工最重要的不是看员工的学历、年龄、经验、身高、长相，而是看这个员工是否有一个好的思想观念。

那么，什么样的思想才是好思想呢？看一个员工是否有好思想，最重要的一点就是看他是否能站在企业的角度、创始人的角度思考问题。如果一个员工处处为企业着想，为创始人着想，那么即使这个员工只有初中学历，也一样可以成为一个好员工。"

4. 对创始人有信心的人

看好创始人的人，往往是公司的创业合伙人，是公司的创业元老，哪怕在看不到公司的前景、公司暂处低谷时，也会追随创始人，不离不弃。这类人才通常要给予高额股权激励，他们见证公司的风雨成长历程，伴随公司的成功应该获得巨大回报。

比如，马云的"十八罗汉"、马化腾的创业伙伴、华为的元老级员工、史玉柱的"四个火枪手"、小米公司的 7 个合伙人，如今他们大多成为了公司合伙人，拥有股权，功成名就。这类合伙人，可遇而不可求。

◆ 定门槛：员工配股准入标准

2016 年 11 月 11 日，是腾讯成立 18 周年的纪念日，当天腾讯为了表彰员工对公司的贡献，宣布授予每位员工 300 股限制性股票，这次股权激励，人人有份，试用期员工也不例外，据了解，当天腾讯的股价为 200 港元，也就是说，每名腾讯员工获得了 6 万港元的股权奖励。

同财大气粗的腾讯不同的是，绝大多数成长型企业都没有进行这等大范围、无限制股权激励的条件。而且，根据二八原则，企业员工中大概 20% 的人创造了 80% 的利润，那么，股权作为企业的重要稀缺资源，应该优先去激励那些对企业做出重大贡献的优秀人才。

对员工的股权激励，务必要设定门槛，确定合理的配股标准。

1. 员工四级股东制

员工股东通常有以下四种类型：

1）业绩股东

业绩（绩效）长期处于所在岗位前列，能为公司带来稳定而持久的收益，这类员工就要用股权激励的方式同公司进行捆绑，避免人员流失。

2）辅助股东

能够辅助创始人或操盘手负责公司某个板块的全面工作，独当一面。他们是公司的骨干和中流砥柱，要通过股权激励将他们牢固捆绑在公司战车上。

3）主导股东

在公司整体运营层面上，主导股东能够起主导作用，对公司决策和未来发展能够产生巨大影响。这类员工如果不能成为公司合伙人或股东，一旦他们被竞争对手挖走，对公司而言，将是重大的人力损失。

4）独立股东

这类员工具备独立操盘公司的能力，是公司操盘手的后备人选，属稀缺人才，他们要么具备核心能力，就像小米公司的 7 个合伙人，平均年龄 42 岁，在各自领域经验极其丰富，分别来自金山、谷歌、摩托罗拉、微软等知名企业，有本土牛人，也有海归精英，土洋结合，大家理念一致，大都管过超过几百人的团队，充满创业热情；要么是具备核心资源。比如，我们前文提到的蔡崇信，因其在投融资领域的专业背景和丰富的人脉资源，能将这些资源成功嫁接到企业。再比如，柳青同蔡崇信一样，曾做到高盛亚洲董事总经理，年薪千万，而且她是柳传志的女儿，在国内企业界和投资界拥有优质的人脉资源，因此被吸纳为滴滴出行的合伙人，并担任总裁职务。

根据以上标准，创始人可合理确定员工入股的层级。

2. 员工入股考核标准

给股最重要的是给对人，员工准入要根据以下要素进行考核。

第一，职位级别。根据公司具体情况，划定员工入股的职级。

第二，岗位价值。即员工所在岗位对于公司的重要程度及其能够为公司创造的价值大小。

第三，曾经对公司的贡献。员工对公司的贡献是一个重要的衡量标准，让对公司做出贡献的员工得到股份，是进行股权激励的一大初衷。

第四，本岗位是否能取代程度。可替代性强、非稀缺性岗位尽量不要进行股权激励。相反，如果一个员工的工作是其他员工不可替代的，在现有人才市场上是很难招聘到的，或者虽然很容易招聘但是培养成本很高。在这种情况下，创始人应该考虑对相应员工进行股权激励。

第五，岗位难以监督管理的程度。通常，对难以监督管理的岗位，应给予股权激励。道理很简单，这类员工由于存在监管盲点，只能凭其个人主观能动性来积极工作，而难以靠制度进行有效约束，此类员工主观能动力的最佳来源是让其产生主人翁意识，变成公司的主人（股东）。

第六，责任感与忠诚度。责任意识强、忠诚度高的员工更应被授予股权，史玉柱用"又红又专"的标准来选人，在他看来："选人标准就是两个，毛主席说的又红又专。红指人品好，专指他的业务好。其实这个是两方面的，其实任何一个团队，你在周围找人，都是能找到合适的人的，又红又专的人都是能找到的。红，我想稍微有一点经验的人，其实他的人品早期还是能看出来的；专，其实很大部分跟培养有关。"这一点值得借鉴。

第七，年龄和工龄要素。这里既要考虑到员工的工作年限，给元老一个交代，又要估计员工的年龄，对于即将退休的员工，要慎重进行股权激励。

通常，至少满足以上五条者（其中第六、第七条是必备条件），才可被吸纳为公司的核心股东。

3. 退出红线

员工入股，进入要设置标准，退出要设置红线，一旦触碰就自动退出。

第一，股东中途退出，净身出户，只分配当年或本季度已发生的利润。

第二，利用公司平台谋取私利者，只分配当月分红，直接退出。

第三，遇年老、天灾、人祸不能工作怎么办？一般有三种处理方式：

（1）公司内部优先转让；

（2）进行外部转让必须经所有董事成员同意，有一人不同意就不能转让；

（3）不进行转让，慢慢稀释股份。

第四，工作能力日渐低下，已不能独当一面，又不上进者，经60%董事会成员通过即可劝退，股份进行转让或稀释或公司回购。

第五，其他退出红线。持股员工一旦出现下列情况，即自动退股：

（1）损害公司利益。各种形式的损公肥私者、损害公司利益者；

（2）不忠。对公司不忠没有资格成为公司的主人；

（3）欺瞒。欺上瞒下，人品低劣者，应清除出股东队伍；

（4）未到约定年限退休。属违约，当退出；

（5）辞职。辞职后股权应按约定退出；

（6）身亡、已故。无法履行股东权力，按约定机制退出；

（7）违法违纪。出现违法乱纪行为，视为自动退股。

◆ 哪些人一定不能给股权

内部股权激励应将以下两类人员排除在外。

1. 法律约定不能作为股权激励对象者

1）公司法规定的例外对象

具有《中华人民共和国公司法》规定的不得担任公司董事、监事、高级管理人员情形的不能作为激励对象。

根据《中华人民共和国公司法》第一百四十七条规定，有下列情形之一的，不得担任公司的董事、监事、高级管理人员：

第一，无民事行为能力或限制民事行为能力者。

第二，贪污、贿赂、侵占财产、挪用财产或破坏社会主义市场经济秩序，被判处刑罚，执行期满未逾五年，或者因犯罪被剥夺政治权利，执行期满未逾五年（经济犯罪或剥夺政治权利五年）者。

第三，担任破产清算公司、企业的董事或厂长、经理，对该公司、企业的破产负有个人责任的，自该公司、企业破产清算完结之日起未逾三年者。

第四，担任因违法被吊销营业执照、责令关闭的公司、企业的法定代表人，并负有个人责任的，自该公司、企业被吊销营业执照之日起未逾三年。

第五，个人所负数额较大的债务到期未清偿。

2）法律规定的其他股权激励排除对象

第一，单独或合计持有上市公司5%以上股份的股东或实际控制人及其配偶、父母、子女，不得成为激励对象。

第二，最近12个月内被证券交易所认定为不适当人选。

第三，最近12个月内被中国证监会及其派出机构认定为不适当人选。

第四，最近12个月内因重大违法违规行为被中国证监会及其派出机构行政处罚或采取市场禁入措施的。

第五，法律、法规规定不得参与上市公司股权激励的。

第六，中国证监会认定的其他情形。

2. 其他不宜进行股权激励的员工

除了法律规定的例外对象，以下几种人员也尽量不要授予股权：

1）只要权的人

只求权，不看重钱的人，通常是野心家，未来有架空创始人的可能性，是公司的不稳定分子，应在股权激励的排除对象之外。

【案例】

老大的格局

1910年春节，上海青帮的老大黄金荣，给下面的小弟发过年的赏钱。大家拿到钱都很高兴，寻思着怎么用这笔钱。只有一个人领到了两千大洋后，就急匆匆地跑了出去。

黄金荣感觉很奇怪，就招来心腹，对他说："跟着去看看，这个小赤佬要去干什么？"

黄金荣所说的小赤佬，先是跑到江边，又坐船过江来到了陆家嘴。下船后一直马不停蹄地跑到了自己的地盘金桥，在这里，他将自己的两千大洋赏钱分毫不留地分给了下面的小兄弟。

黄金荣得到心腹的回信后，无限感慨地说："我死后，恐怕上海滩就是他的了！"

黄金荣所言不错，事实上，他还没死，小赤佬就已经成了上海滩的老大了。

这个不在乎钱的小赤佬就是杜月笙，要知道当时的两千大洋可是一笔巨款，足够在上海滩置办一套豪宅。

这就是老大的格局，只要权，不要钱。

只要权不要钱的员工具备大格局，未来很可能会选择自己做创始人，对这类人士，如果没有充分的驾驭把握，轻易不要进行股权激励。

2）"空心老油条"

能力不足，只会拍马屁的马屁精就是俗话说的"空心老油条"，这类人员上位，会导致不良的公司风气，让真正有能力的人寒心，对此，创始人（股东）务必要有清醒的认识。

3）情绪失控者

情绪大起大落的员工，内心藏不住事，不会控制情绪，对于公司的事情不论大小，都会去四处宣扬，会对公司造成不良影响，也不是股权激励的合适人选。

4）自私贪婪者

自私贪婪者凡事习惯首先考虑自己的利益，不肯做出一点牺牲，不愿吃一点亏，哪怕是出于维护大局的需要，也很难使其做出让步，此类员工不宜纳入公司核心利益的分配人选之中。

第 4 节

股权捆绑利益相关者

◆ 用股权绑定上下游利益相关者

企业单打独斗的时代已经过去，合伙抱团的时代已然到来。未来拼的就是一个字——"整"，你能整合多少资源、多少渠道，就会得到多少财富。

企业一方面要做好内部合伙人、团队和员工的股权激励，另一方面还要通过股权设计将外部的供应商、经销商及客户等上下游的利益相关者打造成利益共同体。这样，企业就不仅仅是自身在参与市场竞争，而是偕整个产业链之势进行竞争。这样做还能极大地提升自身的格局，强化竞争优势，最终实现"供应商——企业——经销商——客户"多方利益相关者共赢的局面。

【案例】

"泸州老窖"和经销商的股权绑定

"泸州老窖"的经销商股权激励称得上是一个经典案例。

"泸州老窖"原本只是泸州地区一个不知名的小酒厂，产品不上档次，也卖不上价，缺乏竞争力，事实上，当地很多不知名酒厂生产的产品都叫泸州老窖，每瓶酒售价多在十几元，属低档酒。

后来，"泸州老窖"为了提升品牌形象，进行了一次完美的故事营销，公司编造了一个颇有历史渊源的品牌故事——公元1573年，明朝嘉靖皇帝驾崩，新皇帝万历登基，为了恭贺万历皇帝，泸州当地酒作坊就向皇帝进贡出产的特级老窖，被称为"国窖"。"泸州老窖"抓住这个历史典故做文章，塑造了高端品牌"国窖1573"。

品牌如何扩散呢？

除了企业内部的一系列包装营销手段外，"泸州老窖"设计了一套针对经销商的股票期权激励方案：当时"泸州老窖"的股价（已上市）为5.8元，公司许诺经销商，根据他们的净销量，每年折算一定的期权给他们，连续发放3年，这样经销商就获得了一个日后以5.8元的价格来行使认购"泸州老窖"股票的权利。

此举的激励意义在于：经销商无须立即出钱购买股票，等股价上涨以后再行使期权，没有任何风险。假如等股价上涨至30元，经销商仍可以5.8元的价格行使期权，这样就赚取了可观的差价。如果股价下跌，可以选择不行使期权。

人都有趋利性，经销商拥有了股票期权后，便会大力推广"泸州老窖"，于是提高了产品的销量和市场占有率，伴随着公司营业收入和利润的大幅增长，"泸州老窖"的股价随之被拉高。股价抬高，经销商不仅赚了经销的差价，还获得了可观的股票升值和利润分红，经销商的积极性被充分调动，在他们的推动下，仅用了两年的时间，"泸州老窖"的股价就暴涨到了78元。

企业通过增资扩股、协议转让、非公开发行等股权激励的方式，建立与上游供应商和下游经销商的战略合作关系，是企业实现细分行业寡头经营的最佳选择。在对企业上下游实施股权激励时，应注意以下事项。

1. 考量上下游企业的实力

我国现行法律、法规及规范性文件并无明确限制或禁止供应商、经销商入股关联公司的规定。但企业在筛选供应商、经销商入股时，应重点考虑那些具有完善治理结构和股权结构、有一定规模、稳定的团队，或有较高品牌知名度和市场占有率的成熟型企业。从而达到给那些长期合作的优质供应商、经销商入股企业、参与权益分配的机会，以达到股权激励的效果，共图企业长远发展。

2. 入股要确保为正常的商业行为

企业将重要供应商、经销商纳入股东范畴，应符合双方的利益，确保为正常的商业行为，否则，如果在经销商或供应商入股的过程中存在粉饰业绩、业务依赖、关联交易不够公允或拿股权换订单等导致证监会无法判断的情形，将难以通过，这一点是针对上市公司或拟上市公司而言的。

3. 出让股权比例的问题

对上下游股权激励的股权份额出让应控制在 5% 以内，最好不要超过10%。否则，一方面会涉及关联交易（根据《证券法》《上海证券交易所股票上市规则》《深圳证券交易所股票上市规则》的有关规定，直接或间接持有上市公司 5% 以上股份的自然人，以及持有上市公司 5% 以上股份的法人或企业组织为上市公司的关联方，会涉及关联交易的问题，下面会详细谈及），另外，上下游经销商、供应商持股比例较高，也会影响公司治理结构，甚至会影响企业的经营决策权的独立性。

4. 如何解决股东人数超额的问题

根据《公司法》第二十四条规定:"有限责任公司由五十个以下股东出资设立"。另外，《公司法》第七十八条规定:"设立股份有限公司，应当有两人以上二百人以下为发起人，其中须有半数以上的发起人在中国境内有住所。"

在实践中，如果公司拟吸纳的经销商、供应商人数超出以上限制时，可采取以下处理方式。

1）通过有限合伙企业间接持股

创始人可另设立有限合伙企业，使之成为目标公司的股东，可委派一名执行事务合伙人担任普通合伙人，经销商作为出资人均为有限合伙人，通过对有限合伙的出资间接持有目标公司股份。这样，该有限合伙只算作一个股东名额，可以避免股东人数过多易超限的问题。

2）通过设立公司间接持股

由企业供应商或经销商出资设立特殊目的（持有计划）的公司，该公司通过受让股权或增资扩股的途径成为目标公司的股东，经销商通过该公司间接持有股权，享受股权收益。

◆ 有了永远的利益就有了永远的朋友

2015年，李克强总理在深圳考察时指出："我希望你们抱团取暖，而不只是在寒冷的冬天，要天天如此。"

企业创始人不但要有竞争思想，更应该具备"竞合"思想，通过"竞合"使自己强大起来，把原来的某些竞争对手变成自己的同盟。

如何让竞争对手变成同盟？答案是成为利益共同体，将原本的竞争对手变成股东，形成强强合作关系，结成利益同盟。

2015年8月10日，阿里巴巴集团与苏宁云商集团共同宣布达成全面战略合作。根据合作协议，阿里巴巴集团将斥资233亿人民币入股苏宁云商，占发行后总股本的19.99%，成了苏宁云商的第二大股东。同时，苏宁云商也出资140亿人民币认购不超过2780万股的阿里巴巴新发行股份。

阿里巴巴和苏宁云商都是电商巨头，通过互相入股，曾经的竞争者变成了合作者，形成了利益联盟，抱团取暖，共同发展。对此，苏宁董事长张近东这样说：

很多人认为，现在的传统行业不景气是因为阿里巴巴惹的祸。其实，电子商务活得也不是很爽。前段时间我在德国讲过，几乎很少看到互联网公司能够活好三年以上的，活好三年的确实不多，如谷歌、亚马逊、腾讯，我们活了这些年，每家都活得很累很辛苦，对未来不可预测，都很担心。既然传统企业活得也不好，互联网企业活得也不好，我觉得合在一起就应该活得很好。

【案例】

携程通吃竞争对手股权

在线旅游领域参与企业众多，有携程、同城、途牛、艺龙、去哪儿等知名企业，同行厮杀起来格外惨烈。

2014年，各大在线旅游提供商之间爆发了激烈的价格战，参战的有携程、艺龙、去哪儿等，所谓"杀敌一千，自损八百"，直接的竞争和价格战使参与企业很受伤，2014年第四季度，携程更是出现了上市11年后的首次亏损。

没有永远的朋友，也没有永远的敌人！携程很快明白过来，且转变竞争思维，不再扩大价格战，采取了双赢的竞合模式。

2014年4月，携程突然宣布，通过旗下的上海携程国际旅行有限公司与同程网络科技股份有限公司达成相关投资协议，通过此次对竞争对手同城的投资，携程将成为仅次于同程管理层团队外的第二大股东，在同程的股权占比约30%。

与此同时，携程还斥资1500万美元，购买了途牛网的A类普通股。

2015年第二季度，携程又联手铂涛集团获得了艺龙控股权。

2015年第四季度，携程故伎重演，通过与百度换股的形式，将不久前的最大竞争对手之一去哪儿网收归囊中。

经过一系列股权操作，对手瞬间变家人，冤家变伙伴，惨烈的价格战当即停歇。

2015 年度，携程大大降低了在价格战上的支出，业绩比前一年度也漂亮了许多，统计数字显示，2015 年全年归属于携程股东的净利润为 25 亿元，相比 2014 年的 2.43 亿元，暴涨了九倍。

这里需要注意的是，参股竞争对手公司应以公司的名义进行，而不是以私人股东的名义，公司股东不得拥有同行业其他公司股权是一个众所周知的惯例，但是《公司法》对此并没有明确的约定。只是模糊地规定董事、公司经理不得在公司外从事与本公司竞争或损害本公司利益的活动。

《公司法》第三十七条规定公司的董事或经理有下列行为之一给公司造成损害的，公司有权罢免其职务，并要求其赔偿经济损失：（一）在公司外从事与公司有竞争的业务；（二）故意侵害公司利益。

所以，为了让股东心无旁骛地为公司服务，公司可将相关竞业禁止的约束事项写入公司章程，用来约束股东，保障公司利益。

◆ 产业链股权激励中的关联交易问题

关联交易简单地说就是企业关联方之间的交易，关联方就是有关联关系的各方。

根据《公司法》第二十一条规定："公司的控股股东、实际控制人、董事、监事、高级管理人员不得利用其关联关系损害公司利益。违反前款规定，给公司造成损失的，应当承担赔偿责任。"

公司在对外进行产业链股权整合过程中，必然会产生关联方，带来关联交易。企业在享受产业链股权整合益处的同时，也要注意规避关联交易可能导致的潜在交易风险和法律风险。

1. 关联交易的两面性

在当前形势下，关联交易是不可避免的，公司要注意充分利用关联交易的积极意义，主要表现在以下四点：

第一，降低交易成本。股权整合而成的关联方存在密切的利益关系，关联交易可以有效降低双方成本。

第二，提高资金周转率和交易效率。关联方通常相互比较了解，也避免了信息上的不对称，交易起来更加高效、快捷，能够提高交易效率和资金的周转率。

第三，降低企业税务成本和经营成本。公司通过关联方转让过程中的价格安排，可以有效达到避税和降低经营成本的目的。

第四，密切关联方企业的关系。通过紧密而又高效的合作，强化关联企业的同盟关系，实现规模效益和共赢，提高竞争优势。

同时，也必须看到关联交易对企业产生的一些潜在不利影响和法律风险：

第一，关联交易可能会增加公司的经营风险，如由于关联公司的问题，可能带来坏账，使该公司陷入财务困境。

第二，弱化公司的独立经营能力，降低抵御外部风险的能力。关联交易实际上是在一个小圈子内进行的交易，严格说它是违反市场公平竞争规律的，长此以往，可能会导致公司过分依赖关联方，降低公司的竞争优势和独立性，严重的会和市场脱节，逐渐被市场淘汰。

2. 关联交易的类型

常见关联方交易类型主要有以下几种：

第一，购买或销售商品。购买或销售商品是关联方交易较常见的交易事项，如企业同参股上下游企业之间互相购买或销售商品，从而形成了关联方交易。

第二，购买或销售除商品以外的其他资产。例如，上游公司出售给参股公司设备或建造物等。

第三，提供或接受劳务。例如，A 企业为 B 企业的供应商，同时 A 企业持有 B 企业股份，A 企业除了为 B 企业提供原材料外，还从事设备维修服务，双方约定 B 企业的所有设备均由 A 企业负责维修，B 企业每年支付设备维修费用 50 万元。

第四，代理。代理主要是依据合同条款，一方可为另一方代理某些事务，如代理销售货物，或签订合同等。

第五，租赁。租赁通常包括经营租赁和融资租赁等，关联方之间的租赁合同也是主要的交易事项。

第六，提供资金（包括以现金或实物形式提供的贷款或权益性资金）。例如，企业从其关联方取得资金，或权益性资金在关联方之间的增减变动等。

3. 关联交易的信息披露

关联方之间的交易须按照重大程度来确定是否进行信息披露。

第一，零星的关联方交易，即对企业财务状况和经营成果影响较小的或几乎没有影响的，可以不予披露。

例如，B 企业为 A 企业的关联持股企业，B 企业当期从 A 企业购入一台闲置不用的机械设备，其账面价值为 1 万元，经双方协议，B 企业按照市场公允价格 0.8 万元购入。由于此次交易金额较小，对双方企业几乎不产生影响，对这一交易可以不予披露。五粮液集团关联交易信息披露如表 2-7 所示。

第二，重大交易，即对双方企业财务状况和经营情况有重大影响的交易，比如，销售关联企业的产品带来的收入占到企业销售收入 10% 以上的，就需要进行披露。

表 2-7　五粮液集团关联交易信息披露

关联交易公告日期 :2014-09-23	
甲公司	五粮液
乙公司	四川省宜宾五粮液集团有限公司及其下属子公司
定价依据	
交易简介	董事会会议审议情况 　2014 年 9 月 16 至 18 日，公司第五届董事会以通信及传阅方式对《关于与关联方共同出资设立四川宜宾五粮液旅游文化开发有限责任公司暨关联交易的议案》进行审议，鉴于四川省宜宾五粮液集团有限公司持有本公司 20.07% 的股份，系公司第二大股东，根据《深圳证券交易所股票上市规则》相关规定，公司与四川省宜宾五粮液集团有限公司及其下属子公司共同出资设立旅游公司构成关联交易。公司关联董事刘中国、唐桥、陈林、张辉对该议案回避表决，由三名独立董事对该议案进行投票表决 　经审议，本议案同意 3 票，弃权 0 票，反对 0 票，表决结果为通过。独立董事基于独立判断，就该关联交易事项发表了事前认可意见、独立意见（详见专项公告） 　按照相关规定，本议案无须提交股东大会审议 　设立公司的目的 　为了进一步提升公司形象，宣传公司，提升五粮液品牌知名度，积极推动五粮液工业生产园区旅游项目，实施五粮液旅游文化开发项目
交易类别	关联双方共同投资
交易金额	5000 万元
货币代码	人民币

第 5 节

规避股权激励的陷阱

◆ 股权激励的矛盾集中爆发点

创始人费尽心机重新设计了股权模式，股权激励措施也落实了，可被激励者却不领情，其效果还不如不激励，甚至于出现负激励现象。

股权激励并不是万能药，一"激"就灵，相反，如果操作不当，很可能起不到任何激励作用，出现出钱不讨好的情况。

在股权激励实操中，应注意规避那些容易导致激励失败的矛盾点。

1. 股权激励的最大硬伤

所有的股权激励都是基于一点——公司的不断增长与良性发展，乃至公司上市。但问题是公司效益一定会持续增长吗，公司股价一定会不断走高吗？

如果不能给激励对象做出肯定的回答，让他们看到希望，那么股权激励的三大问题就会凸显出来。

第一，股权投资风险相对较大（需要员工出资购买股权的情况下）。

第二，投资回报周期长，个别明星公司的高速增长神话难以掩盖普通中小型企业的缓慢发展，这对于股权持有者而言，意味着较长的投资回报周期和较低的投资回报率。

第三，股权流动性差，上市前难以变现，甚至是永远难以变现，毕竟最终能够实现上市的公司凤毛麟角。

对成长性的中小型企业而言，可将股权激励的意义向经营分红方向引导，使员工努力争取到公司利润增加所带来的分红收益。

2. 搞强制摊派

在创始人看来无异于大出血的股权激励，如果切换到员工的角度，可能诱惑性并没有那么强，甚至会让员工感到公司是在搞强制摊派，尤其是需要员工部分出资购买的股权激励。针对这个问题，创始人一定要设法让员工领会企业进行股权激励的目的及覆盖面，同时要设置必要的门槛，否则搞一刀切的话，大家都有份，基本上等同于没激励，员工还不领情。另外，要杜绝强制摊派，让员工自主选择。

3. 信息不够透明

非上市公司在制订股权激励计划时，其行权价的确定没有相应的股票市场价格作为定价基础，价格、时间和条件确定的难度相对要大得多。另外，非上市公司无须公开公司财务状况，一些中小股东也就失去了一条全面了解公司经营、财务状况的渠道。

对于企业内部通过激励方式获得股权的员工，既想要了解公司相关信息，又会存有顾虑，不方便去询问。从公司的层面讲，创始人也担心公开信息会引起一些不必要的麻烦和问题，不公开的话，也会惹起一些猜测和非议。

须知，员工既然被授予了股权，就应该享有基本的知情权，对此，公司方面要设法予以满足。

4. 股权激励随意而为

我看到身边很多企业创始人进行股权激励时都是随意而为，在没有充分理解股权模式的运作机制和激励目的的情况下，一冲动就匆匆上马，甚至缺乏科学合理的激励措施，而是直接从网络上搜集复制，根本不适合公司的具体情况，因而导致问题丛生，矛盾频发。

【案例】

股权激励导致的纠纷

2015 年 8 月，深圳某科技公司同刘总签署了一份技术顾问合同，约定由刘某出任公司的技术顾问，每周须到公司工作两天，每月工资为 8000 元，另外授以每月 5000 股的股票期权。

合同约定，任何一方接触合同都需要提前 7 天通知对方，除非一方单独终止，该顾问合同将长期有效。

实际上，刘某工作 3 个月后，公司单方面解除了双方的顾问合同。仅支付了刘某 24000 元的顾问工资，而未兑现 15000 股的股票期权。双方多次协商未果，刘某于是将公司告上法庭。

对此，公司辩称：刘某并未按合同约定条款，满额履行工作时间，并导致公司产品开发进度严重滞后；另外，刘某在工作履历上也存在欺骗行为，其工作能力并不足以支撑公司的技术开发工作，属欺诈行为。

在法院的判决中，确认双方的顾问合同合法，要求各自履行义务，原告刘某应依法享有 15000 股股票期权，公司应依法授予。

显然，公司在未进行详细考察之后，就随意对刘某做出股权激励决定，且没有相应的约束机制，而且在合同期限上（注意合同条款，除非一方终止，否则该合同将长期有效）也存在重大漏洞，如果双方合作顺利进行，那么刘某将会按月获得可观的股票期权，这种没有明确数额限制的行为明显是莽撞的。

股权激励是一套复杂的系统工程，涉及众多利益划分，牵一发而动全身，切不可草草决定拿出多少比例、多少万股的股份大手一挥发给员工。而且，激励过程中涉及的行权条件和权利限制等事项，也需要专业律师起草相应的正式文件，因此，对于股权激励涉及的股权池大小、激励对象、授予份额、授予数量、行权价格等实际问题，企业应咨询专业的股权分配专家，而非简单粗暴地直接拍脑门就去做，那只会给公司带来更多麻烦。通常，公司股权激励要按如下步骤推进。

第一，征求股东意见，了解公司状况，看股东的想法是什么，想做什么，公司存在什么问题等。

第二，了解公司的目标和渴望通过股权激励达成的目标，有没有更好的替代方式？另外研究具体的股权激励方式，并同股东的看法进行匹配、调整。

第三，根据法律意见书，制订详细的股权激励工作计划和工作流程。

第四，员工宣讲和调查。同激励对象举办宣讲会，征求员工的意见和想法，同时让他们了解公司进行股权激励的目的。

第五，汇总员工意见，同股东进行再次沟通，结合员工意见，修改激励方案。

第六，召集股权激励大会。创始人公开宣布股权激励计划的详细情况和具体操作，邀请激励对象和未来潜在激励对象参加，已达示范激励效应。

第七，符合激励条件的员工，拟定认购协议。

第八，公司和激励对象公开签约，签约之后，激励条款才能生效。

第九，实施和调整阶段，签约生效后，公司相关部门要做好监督考察工作，考察激励对象是否合乎规范，是否符合行权条件，否则就要根据约束退出机制去处理。

5. 只有口头承诺，没有书面协议

员工股权激励方案应落实到书面上，如果只有口头承诺，员工的利益就无法保障，也容易引起争议和矛盾。

6. 缺乏约束机制

股权激励方案必须配合相应的约束机制，包括公司业绩条件、个人限制条

件、日常工作表现和业绩等，以及对退出红线的规定。否则，股权激励就变成了免费午餐，这不是在激励员工更加努力，而是在鼓励不劳而获。只想坐享其成，而不想干活，这样的股权激励对企业非但无利反而有害。

7. 激励效果不明显

激励力度太小也达不到预期目的，难以调动员工积极性。比如，某公司为激励员工，做出规定，只要公司年度增长率超过 20%，利润增长超过 25%，那么全体员工就可以每股 10 元的价格来购买相应数量的公司股票。该政策实施两年后，在大家的努力下，预计的经营目标都能顺利实现，但却没有人去行使股票期权，因为这家公司的股票在公开市场上从来就没有超过 10 元，大家当然也就没有了行权的动力。

创始人有什么境界，股权分配就有什么效果。你的力度有多大，就能激励到多大能力的人才。

◆ 员工股权激励中的常见法律陷阱

内部股权激励除了要考虑激励方案的合理性、科学性之外，还要考虑法律适用性，应在合法合规的范畴内进行操作。

1. 股权激励方案的法律效力

企业设计的股权激励方案在法律上是否生效主要有以下衡量要素：

第一，股权激励方案是否经全体股东签字同意。股权激励方案是财产权的转移，动摇的是公司原股东的根本利益。在现实操作中，多数公司在进行股权激励方案设计时，都会依据公司法或公司章程的相关规定，要经过半数以上股东同意，才可以落实股权激励方案。

这种操作模式的法律效力有争议之处，如尽管股权激励方案经过半数以上股东同意，但是未经公司盖章，如果未同意的另一部分股东未进行追认的话，那么视为法律上无效。

第二，股权激励方案会是否经过股东会决议。例如，公司操盘手在落实股权激励方案时，欲替股权激励对象代持股份，而未经股东会决议许可，此类操作方式涉嫌职务侵占的罪名。

第三，股权激励方案是否符合其他失效条件。比如，因公司准备上市而被外部投资人收购，那么股权激励的前提条件失效。

2. 法院对股权激励限制条件的司法态度

公司对员工和利益相关方进行的股权激励，通常都是有限制条件的，如对于任职年限的限制、对于业绩和个人表现上的限制、对于转让条件的限制，以及对所获股权相关权益的限制等。

此类股权授予条件、兑现条件和行权条件的限制是公司出于保障股东权益、企业权益的考虑，无可厚非。

法院在审判类似股权争议时，通常持有如下态度。

第一，股权激励作为一种高级激励方式，目的是在企业和员工之间建立一种休戚相关的利益关系和同担风险、共享收益的分配机制，其出发点是积极的、善意的，通常会对获得此项权益的员工设定较高的门槛和限定条件。

第二，公司授予员工的股票期权往往有工作期限上的要求，在这种情况下，员工获得股票期权并不等同于获得了股票授权，如果被激励人员认为二者是同一个概念而出现争执，且向法院提起诉讼的话，法院方面一般不予支持。

第三，如果公司授予股权的约定条件未达到或条件不够成熟时，被激励对象就主张相关股权或衍生收益，法院对此类诉求通常也不予以支持。

第四，尽管企业和激励对象之间存在着事实上的股权激励关系，但如果都不能向法院描述激励方案的细节内容，法院也不予以支持被激励对象具备被授予股权的权利。

3. 被激励对象离职时公司规定的违约条款是否合法

公司对员工的股权激励通常会设置违约条款，一旦员工离职或因其他个人原因解除同公司的劳动合同，或因严重违反规章制度而解除其他合作关系时，公司有权强制收回股权，并要求当事人返还分红，甚至支付违约金。

对于此类约定的法律效力，法院通常会认为公司是为了限制股权激励对象获得股权收益，并不违反公平原则，是合法且有效的，具体要点如下。

第一，如果公司有关于激励对象离职等情况下的股权收回条款的约定，就依据约定执行，如果无相关约定，则不能进行收回。

第二，被激励对象如果认为公司收回个人股权的行为不合法，应当就此进行举证。

第三，要考虑被激励对象是否出资的情况，如果激励对象是以出资的形式获得的股权没有特殊约定的话，公司在收回股权时，应支付公允的回购价格。对于未出资获得的股权激励，那么公司可以根据约定进行无偿收回，法院予以支持。

第四，如果回购被激励对象股权由第三方进行时，应确保此回购行为不会导致公司注册资本降低，且不损害公司债权人利益。转让后的股权若发生价格变动，其风险由转让者自行承担。

第五，如果公司股权激励方案未约定员工离职后是否仍有分红权，那么，法院从公平合理的角度考量，通常会认为离职员工不应再享有分红权。

4. 关于违约金事项

根据《劳动合同法》相关规定，只有在两种情况下公司可与员工约定违约金：一是公司为员工提供技术培训费用并约定服务期限，如果员工违反约定，需要支付不高于此前公司所支付培训费用的违约金；二是如果员工违反与公司达成的竞业限制约定，则应当按照约定向公司支付违约金。除此之外，公司不得同员工约定其他违约金。

需要注意的是，《劳动合同法》的这种规定并不适用于企业股权激励的情况，因为获得股权激励的员工同公司的关系不再是劳动关系而是股东身份，因此不再受《劳动合同法》保护。

【案例】

"富安娜"股权激励纠纷索赔案大获全胜

2007年6月，知名家纺企业"富安娜"以定向增发的方式，向公司高管和主要业务骨干发行了700万股限制性股票，被激励对象以每股1.45元的优惠价格购买。

2008年3月，为了配合公司IPO进程，"富安娜"宣布将所有限制性股票转换为无限制性的普通股。同时，与获得股权激励、获得原始股的余松恩、周西川、陈瑾、吴滔、曹琳等高管协商签署了《承诺函》，《承诺函》中约定：持有原始股的员工"自承诺函签署日至公司上市之日起三年内，不得以书面的形式向公司提出辞职、不得连续旷工超过七日、不得发生侵占公司资产并导致公司利益受损的行为，若违反上述承诺，自愿承担对公司的违约责任并向公司支付违约金。"

2008年7月至2009年9月间，余松恩、周西川等部分获得公司原始股激励的非创业股东在持有"富安娜"原始股的情况下，先后辞职，并跳槽到"富安娜"的主要竞争对手"水星家纺"。

2012年12月26日，已在深圳上市近三年的"富安娜"，突然对余松恩、周西川、陈瑾、吴滔、曹琳等26名自然人股东违反《承诺函》，导致公司股权激励目标无法实现一事，向法院提起民事诉讼，要求26名被告赔偿公司违约金共计8121.67万元。

2013年12月，南山区法院经讨论，判决被告曹琳于判决生效之日起十日内向原告深圳市富安娜家居用品股份有限公司支付违约金189.89万元及利息，此次案件诉讼费用由被告曹琳全额承担。

在此后的数年间，26 名被告被一审再审。2015 年 1 月 19 日，这桩企业因股权激励而生发的索赔案终于最终落槌，深圳市中级人民法院做出了终审判决，判定 16 名离职骨干员工赔偿老东家"富安娜"3230.52054 万元及相应的利息。

"富安娜"顿时一案成名，为雇主维权树立了积极的榜样，同时也为那些得到股权激励而背叛公司的员工敲响了警钟。

"富安娜"股权激励系列索赔案，以公司大获全胜告终，其关键点在于将劳动者身份与股东身份区别，该案法律关系认定为民事法律关系而非劳动合同关系。

当然，这种情况成立的前提是公司授予员工的是实股，而不能是虚拟股或期权，否则，员工的股东身份就无法确定，公司也就无权约定违约金事项。因此，虚拟股权激励分红权所引起的纠纷属于劳动纠纷。而接受虚拟股权激励的员工也不是公司股东，离职后便自动丧失该收益资格。

虚拟股权的被激励者不能成为公司股东，没有股权，仅获得一种在职时的收益分配权，一旦被激励对象离开企业，将自动丧失获得收益的权利。虚拟股权赋予员工的分红权应属于公司薪酬体系的组成部分，因此此类股权激励制度是劳动合同的重要组成部分，也是劳动合同法的调节对象，由此引起的纠纷应当属于劳动争议范畴。

5. 股权激励与投资人关系的处理

股权激励要处理好投资人关系，如果是计划进行股权激励的公司已经成功进行过融资，或计划正要进行融资，那么此时的股权激励就不再是单方面的企业内部行为，而应该做好相关信息披露或检视。

第一，要向以往的投资人或拟投资人披露公司下一阶段的股权激励计划。

第二，认真查看公司此前签订的融资协议，看是否允许公司今后进行股权激励行为，如允许，则应查询是否有细节条款或细节上的限制。

第三，查融资协议对股权激励方式（如增资、代持等）是否有规定和限制。

第四，如果融资协议没有股权激励方式上的限制，当采取增资形式时，则增资的对价不得低于投资人的对价，除非融资协议对股权激励有除外规定（通常融资协议都要求后一轮的融资价格不得低于上一轮的价格）。

如果没有处理好以上问题导致公司的股权激励方案和融资计划出现冲突时，那么投资人可以追究公司主要创始人的违约责任。

第三章

股权投、融资：
一手卖产品，一手卖股权

第1节

出让股权，换来资金支持

◆ 筹钱、筹人还是筹智

股权众筹是指公司出让一定比例的股份，吸引普通投资者投资，以股权换投资。公司通过出让股权，得到发展急需的资金，而投资者获得的是股权和未来的收益权。

创业过程中，资金是一个最重要、最根本的要素，股权众筹的首要目的是为了筹钱，但筹钱并不是股权众筹的唯一目的。

1. 筹资金

从传统视角看，创业者要获取启动资金，无外乎以下几个途径。

第一，自有资金积累。主要通过一己之力来备齐启动资金，这种方式对创业者而言，压力比较大，且局限性较大，不能有效借助外部资源。

第二，借款。通过向家人、朋友筹款来完成创业资金准备。家人和朋友与创业者关系较近，容易筹到资金，这一类非专业投资者往往可以同甘但不能共苦，在项目开展进程中遇到问题时无法用专业的语言进行沟通，甚至很有可能撤出资金或进行非理性的干预，导致创业者面对更大的风险。

第三，银行贷款。且不说银行贷款审核过程烦琐，批复时间长。如果你没有过硬的关系，国内的中小创业者想要拿到银行贷款，简直是天方夜谭。

第四，企业发展初期的天使投资和风险投资。天使投资和风险投资都会追求早期投资的高回报，有高回报特征的行业一般为高成长型行业或带有连锁模式的传统行业，如高科技、生物科技、TMT、硬件、连锁餐饮类。而微创业项目往往不具备高成长性，不受风险投资和天使投资青睐。此外，天使投资人进行背景调查和尽职调查时在地域上有限制，通常天使投资人会寻求附近的项目，导致一些创业者不易得到投资人的关注。

以上几种筹资途径对于普通草根创业者来说，只能是望梅止渴。基于这样的市场环境，作为破解当前融资难、融资成本高的新型融资渠道——股权众筹就应运而生了，它能够满足普通创业者对资金的迫切需求。股权众筹是初创企业能够获得最低成本、最高效益的一种有效融资途径，能为初创企业带来附加价值。

例如：美微传媒在淘宝平台上成功进行股权式融资，最低门槛为人民币100元，最终筹集了225万元，之后受到证监会的关注和指导，向投资者返还了38万元。目前，美微传媒发展较好，进行了很多信息披露，跟腾讯还有一定合作，是一家专注于财经的传媒公司。

2. 筹人、筹智、筹资源

一些成长中的企业不仅仅需要资金，往往还需要技术、管理、资源、人脉等，所以股权众筹不仅仅是筹钱，更重要的是筹人才、筹资源、筹智慧，其中最关键的是筹人，找到合适的人、合适的股东，那么资源、技术、人脉和智慧也会随之而来。

相较于筹钱，绝大部分项目创始人更看重的是"筹人、筹智、筹资源"。"摆谱鸭店"是一家众筹餐厅，公司创始人出让了不到20%的股权，引入了30多名股东。餐厅创始人张文成的格局很开阔，他说："我最需要的，并不是这30多个人投资的四五十万元，而是他们的人脉圈子，需要他们在营销上的传播力量，以及他们背后隐藏的资源……只要每个人在他的朋友圈宣传一次，然后再通过这些人的朋友圈辐射出去，最后可能有上万次的转发效果。"

【案例】

股东阵容豪华的众筹咖啡馆"3W"

2015 年 5 月 7 日，一家鲜为人知的咖啡馆登上了财经新闻的头条。

这家咖啡馆叫"3W"，当然让它登上头条的并不是咖啡本身，而是李克强总理在这家咖啡馆喝了咖啡，重点是这家咖啡馆还位于中关村创业大街，当时联想集团董事局名誉主席柳传志作陪、讲解。

这家大名鼎鼎的 3W 咖啡馆采用的就是股权众筹模式，向社会公众进行资金募集，每个人 10 股，该项目发起之初，在微博上号召，进而在圈内进行股权融资，每股 6000 元，每人约购买 10 股，相当于一人投资 6 万元，吸引了约180 位投资人，包括许多比较知名的天使投资人、风险投资人、TMT 领军人物，股东阵容非常豪华，其中有：新东方联合创始人徐小平、红杉资本创始人沈南鹏、北极光创投合伙人姜皓天、枫谷投资董事长曾玉、《创业家》社长牛文文、去哪儿网 CEO 庄辰超、淘米网 CEO 程云鹏、腾讯联合创始人曾李青，以及众多来自腾讯、百度、新浪、搜狐、盛大、金山、阿里巴巴、谷歌等公司的高管。

显然，股权众筹引入的投资人的价值不仅仅在于他们能够为企业注入资金，更重要的是当他们成为股东之后，通常会不遗余力地引入各种资源，并自发进行宣传、推广，而企业通过众筹股东的这种口碑传播所获取的用户不仅成本低，而且其黏性及忠诚度也更胜于从常规推广渠道过来的用户。

◆ 以何种心态众筹：众筹股权的基本原则

客观地讲，企业为什么要采取股权众筹的形式来融资？恐怕在很大程度上是找不到合适的融资途径，如果能找到其他融资手段，我想很多创始人的第一选择肯定不会去众筹，从另一个角度看，这也恰恰表明你的企业不足以吸引到天使投资人和风险投资人的目光。

再者，股权众筹只是企业融资的一种手段，而非企业成功的救命稻草。因此，创始人必须遵循前文谈及的企业股权分配的基本原则，合理地分配股权。

1. 发起人要拥有企业控制权

在中国玩股权众筹融资，发起人不仅要做形式上的主导者，还要做事实上的企业掌控者，必须是企业的大股东，必要的时候要掌握控股权。比如，发起人（或发起人团队）掌控公司 51% 的股权，拿出另外的 49% 进行股权众筹，或留出相应的期权池，用来吸引后续资金，以及对内部团队和员工的激励。

拥有企业掌控权的最大优势在于企业具有能够一锤定音的决策者，能为企业发展避免隐患，避免股权过于分散出现企业决策上的难题和其他分歧。另外，发起人作为大股东，本身又是企业掌控者，他们就会想方设法去维护企业利益，维护个人利益，从而维护投资人的利益，更好地为投资人赚钱。

我们看到有很多众筹项目都趋向于均分股权，或者是无限分散股权，导致企业没有掌控者，这样的企业往往很难长久。

【案例】

"众筹"变"众愁"

2012 年 2 月，长沙女孩李婷在豆瓣网发帖，希望以股权众筹的形式召集一些志同道合的人开一家咖啡厅，大家一起投钱，一起参与咖啡厅的筹建、经营管理，她的股权众筹条件很简单，人人都可以入股，每个人只要出资3000元或3000元的倍数，但最高不超过3万元，就可以成为咖啡馆的创始人，没有任何其他限制和要求。

帖子一出，一时应者云集。短时间内，就吸引了120余人参与，筹资60万元，这些发起人注册成立了"很多人文化发展有限公司"。

这个股权众筹活动曾轰动一时，但是这种模式的隐患很快就凸显了出来。

股东就位，资金到位，公司成立后，接下来首要工作就是选址，这时，一百多名股东发挥的不是"人心齐泰山移"的作用，而是各抒己见，各有各的看法和倾向，在经过漫长而又详尽的开会、争执、对比、调研过程后，解放东路的一处店址终于获得了大部分股东的认可。

店址既定，紧接着要进行店面装修，股东们在选址时的意见不统一的状况再次上演，发起人李婷作为店面装修的负责人，在股东中间反复协调，多次征求意见，经过无数次修改后，才确定了最终方案。

咖啡厅开业后，推行的是众人民主式管理，民主有了，效率却很难兼顾，事实上，"很多人咖啡厅"的股东大部分人都是门外汉，并不懂咖啡厅的经营与管理，却又都想参与咖啡厅的日常管理，这样一来，董事长、董事和监事们就不得不花费大量的精力和时间，来征求大家的意见，周旋于各个股东之间，找到决策的平衡点。如此管理模式，其效果可想而知。

开业之后，"很多人咖啡厅"就一直处于亏损状态，到2013年6月，股东们众筹的60万元只剩下10万元左右，很多股东也失去了当初的创业激情，纷纷选择将转让手中的股权。

出于自救的考虑，"很多人咖啡馆"的股东们在内部选出了3名负责人，让他们来承包咖啡厅，先试行半年，如果半年后有盈利，再给股东们分红。

在艰难维持两年之后，"很多人咖啡厅"自救措施的成效也不是很明显，2015年7月，"很多人文化发展有限公司"决定将咖啡厅全部转让给一对夫妻股东，实现产权转移。曾经喧嚣一时的股权众筹咖啡厅就此烟消云散。

"很多人咖啡厅"的失败并不意外，在众筹阶段，发起人对股东没有任何筛选和限制，而且也未从股权份额上区分出相对的大股东，由于股东众多，内部矛盾分歧就比较多，内部出现的种种结果均不受个人意志控制。而且，数量众多且背景不同的股东都想在咖啡厅运营中表达自己的意见，导致大家各执一词，工作效率极其低下，决策周期漫长，势必会消磨他们的热情，这种负能量最终会使咖啡厅的经营不了了之。

股权众筹应该按照公司治理的相关制度，确保有几个占主导权的大股东。大股东投入的资金多，他们会更加关注资金的安全，也可以有更主要和更多的发言权，便于意见的集中。

2. 股权众筹成功只是融资的成功，不代表企业的成功

股权众筹除了在资金筹集方式上的创新外，选择股权众筹的企业，与其他企业没有任何区别。股权众筹本身的成功，绝不等同于企业经营的成功，这充其量暂时解决了资金问题，但也只不过是万里长征的第一步。

股权众筹的发起人如果忽视了创业的本质、股权融资的本质、企业运营的本质，如果没有解决好企业发展、市场拓展、公司盈利、股东退股、转股、分红等问题的话，那么企业经营过程很可能会难以为继。所以，万万不可舍本逐末。

◆ 向谁众筹：深度了解你的盟友

股权众筹需要走出一个最大误区——不论是谁，只要投钱，就可以成为公司的股东。

股权众筹一定是双向选择，投资者需要考察发起人的股权众筹项目，而发起人同样需要对投资人进行筛选，深度了解你的盟友，经过一个磨合和了解的过程，再确定谁能成为你的股东。切不可来者不拒，什么人的钱都要，什么样的股东都吸纳进来。

【案例】

"1898 咖啡馆"的众筹股东筛选

"1898 咖啡馆"也是一家众筹模式的咖啡馆，核心发起人非常注重股东的选择和搭配。由于核心发起人的北大背景，他们的众筹股东也是在北大校友中找寻，为了实现多元化的股东架构，其目标人群覆盖了 1971 级至 2000 级的北大校友，其中以 70 后为主，这类人士事业上已经有了一定积淀，但仍处于爬坡期，创业激情还在。

"1898 咖啡馆"发起人希望打造的理想股东结构为：出钱、出资源、出经验的是 50 后、60 后校友，主导和干活的则是 70 后、80 后校友，从职业背景上，股东要形成一个完善的创业生态链，从天使投资到财务、企业运营、法律等各种人脉都要覆盖和涉及。

咖啡馆的目标股东人数是 200 人，不过发起人心态很平和，决定先搞定一个三四人的核心股东团队，大家充分磨合，深入沟通，待达成共识后，再扩大核心股东人数。第二阶段的股东人数为 10 人，两批股东之间会再沟通，再磨合，及至达成共识，为后期的快速发展奠定基础，而不是急于求成。

发起人挑选的核心股东都是自己非常熟悉的人，不熟的人决不吸纳，发起人搞定了前两批的核心股东，再由核心股东分别推荐引入新股东，并要遵循以下标准。

第一，要看新股东是否符合项目的股东整体架构设计，不仅要看钱、名、地位，更要看新股东的实力、诚信度、胸怀、性格等。

第二，要看推荐人是谁，通常靠谱的人推荐的人，也不会很差。

第三，200名股东共事，合作氛围很重要，进入的新股东应是那种合群、有度量、大智若愚的人。

这样，经过前期核心团队的磨合，以及后期对投资人的严格筛选，便将很多潜在风险提前释放或规避了。

在众筹过程中，一切单纯以筹钱为目的（不考虑钱的背景和背后的人）的众筹都是发起人的误解。玩转股权众筹需要转变思路，要以筹人为目的，要做好投资人的筛选工作，只有志同道合的人来了，财富才会接踵而至，其他的资源自然也会随之而来。否则，资金再多也是徒劳。

讲到这里，我们可以简单地为理想的投资人做一个画像。

首先，他们要具备一定的资本，手里有闲余的资金可用于投资。

其次，他们能够为众筹企业带来某种资源（人脉、经验、专业度、技术、智慧等）。

最后，他们要具备开放的心态、开阔的事业、宏大的格局，投资、帮忙但并不添乱，他们相信要让专业的人做专业的事，而不是无缘无故地干涉公司日常经营，还要尽可能用自己掌控的资源去帮助企业成长。

一个合格的众筹投资者，还需要具备以下素养。

第一，拥有可以自主支配的投资资金。

第二，对经济、政治、金融等领域具有敏锐的嗅觉与观察能力。

第三，熟悉投资项目的运作流程。

第四，有风险防范意识，心态成熟，能够承担投资失败的损失。

第五，对投资项目能够客观分析，有能力自主判断项目未来走向与市场前景。

第六，熟悉相关政策法规，能帮助自己或投资对象规避政策和法律风险。

要找到如此理想的众筹投资人不是一件容易的事。显然，我们身边的那些普通草根不具备这些条件，因为众筹投资者并非只是简单的财务投资。经过层层筛选后，股权众筹的投资人往往是如下人群。

1. 投资爱好者

投资爱好者把投资当作爱好，而非职业，通常用来投资的也是自己的闲散资金，他们有正常的收入来源，不以投资为生，不会过于纠结投资失败所带来的损失。

另外，作为爱好，他们喜欢深入研究，投资前他们通常会认真且仔细地去评估项目的质量及成功的可能性，并且只挑最好的下手。其实，这一点同股权众筹发起人的需求是不谋而合的。

2. 职业私人投资者

职业私人投资者热衷于投资，拥有强烈的风险意识，会谨慎对待每一次投资，能引起这类人的青睐，同时也恰恰说明了投资项目靠谱。他们非常精明，会想方设法保障自己投资的安全，同时，他们很清楚作为投资人，自己应该做什么，不应该做什么。

3. 天使投资人

天使投资人拥有真正意义上的投资人思维，他们会密切关注与项目成功有关的一切重要元素，如企业的商业模式、财务模型、核心团队、运营理念、营销推广、投入产出等。

天使投资人的投资额度通常会比个人投资者要高，他们对项目的审核也比较严格，提出的问题也比较犀利和实际。

4. 机构投资者

机构投资者的事务主要是私募或公募基金，近些年来，这些机构投资者也开始加入到众筹投资人的行列。他们在运作和项目考察上会更加规范，投资额度也会更大，能给企业的发展带来积极的帮助和指导。

5. 国际投资者

目前，很多国外投资机构和基金也瞄准了国内的众筹投资领域，他们的运作模式类似机构投资者，试图寻找回报率良好的可靠项目，让资产增值。

◆ 谁来帮你众筹：股权众筹如何落地

相对于传统融资方式，股权众筹融资可大大提高融资效率。传统的融资方式即使竭尽全力忙碌一整天，创业者也只能接触到几拨投资人，投资人也只能接触到几个项目。而通过互联网众筹平台进行的股权融资，一个项目每天都会被数以万计的人看到，投资人更是可以很方便地从几百，甚至上千个项目中进行筛选。

1. 股权众筹的参与者

股权众筹是一个系统工程，主要参与者包括筹资人、投资人、众筹平台，以及托管人。

1）筹资人

筹资人是股权众筹的发起人，通常是为了解决企业运营或创业项目所需资金而进行的股权出让行为，他们借助股权众筹平台来发布详细的融资信息和股权出让情况。

2）投资人

股权众筹的投资人既包括前面提及的几类投资人，也包括具有投资意向的其他互联网用户。对某些小微投资的项目，他们会通过在线支付的方式进行投资，并且获得数额相对较少的股权。

正如前文所讲，并非所有持有资金的人都可以成为股权众筹的投资人，实际上，不仅仅是发起人在筛选投资人，各大平台对投资人也有相应的准入标准。

京东众筹平台对投资者的要求是：最近3年个人年收入不低于50万元，个人所持有的金融资产不低于300万元，如果投资者是公司高管或基金、信托、证券行业从业人员，则必须具备3年以上的风险投资经验，并且要有相应的成功案例。

京北众筹对投资人的要求更高，投资人需要至少500万以上的流动资产，能够拿出100万以上的资金用于股权投资。

云投汇设置的准入门槛相对较低，但也要求投资人具有30万元以上的家庭年收入和100万元的净资产。

3）众筹平台

众筹平台的受众较广，是发起人进行股权融资的媒介和平台，两端连接着发起人和投资人。他们在法律、法规许可的范围内，将发起人的融资情况发布于公开平台上，供投资人挑选，股权筹资成功后，平台还要负责对双方进行监督，以确保股权众筹合作顺利进行，常见的众筹平台如表3-1所示。

表3-1　常见的众筹平台

类别	代表
大公司背景的平台	京东众筹、平安众筹、阿里众筹等
专业众筹公司	人人投、大家投
新型互联网众筹平台	36氪
综合性众筹平台	众筹网、梦想汇、中国梦网

4）托管人

托管人是众筹平台的委托人，他们的责任是确保投资人的资金安全，同时做到在筹资不成功时将已筹集资金退还给各个投资人，并对众筹资金的用途和流向进行监督，以保证投资人的权益。

2. 股权众筹操作流程

股权众筹的具体操作流程如下。

1）项目申报

股权众筹发起人向有关众筹平台提交自己的筹资计划书或商业计划书，并设定拟筹资金额、可让渡的股权比例及筹款的截止日期。

想要自己的项目在第一时间就能抓住审核者的眼球，有好的创意和文案固然最好，如果没有，那么将项目尽可能细致地通过多种形式多种角度呈现出来也能达到很好的效果。另外，大多数众筹网站都会要求梦想发起人填写个人背景资料、完整的经历，对项目有帮助的背景信息会提高发起人的个人可信度和支持者对于项目的信心。

2）平台审核

众筹平台会对筹资发起人提交的筹资计划书或商业计划书进行审核，审核内容主要包括发起人的背景、实力、项目可行性、未来前景及投资价值等，必要的时候平台相关人员会同项目发起人进行面谈。

比如，京东众筹平台对项目的筛选标准是：好的团队＋有前景的商业模式＋资源匹配度＋渠道，其中最重要的是有好的发展前景，通过项目方的商业模式将前景完整地展现出来。此外，诚信也是京东众筹平台筛选的标准之一。

3）项目发布

股权众筹项目审核通过后，众筹平台会在平台网站上发布详细的项目信息和融资信息。

4）筹资阶段

股权众筹项目上线并面向目标投资者推广，对其项目感兴趣的投资机构或投资人可在约定的期限内以相应方式实际交付资金或承诺交付。

5）融资结束

通过股权众筹平台进行的融资活动通常会有一个期限，期限截止，融资活动即告结束。如果达成融资目标，则筹资人同各投资人签署正式的投融资协议；如果没有达到预期融资目标，则将已筹集资金退还各投资人。

◆ 股权众筹法律风险规避

股权众筹在国内发展迅速，但这种融资模式如今依然游走在法律、法规的模糊地带，国家并没有制定正式的法律、法规来约束股权融资行为。

2014 年，中国证券业协会也发布了《私募股权众筹融资管理办法（试行）》，该管理办法提到了众筹融资面临的一些问题和风险。

由于缺乏必要的管理规范，众筹融资活动在快速发展过程中也积累了一些不容忽视的问题和风险：一是法律地位不明确，参与各方的合法权益得不到有效保障；二是业务边界模糊，容易演化为非法集资等违法犯罪活动；三是众筹平台良莠不齐，潜在的资金欺诈等风险不容忽视。

该试行办法出台后，一直没有正式的文件问世。因此，在股权融资实操中，大多还只能参照一些相关法律、法规的规定，如《证券法》《公司法》《关于进一步促进资本市场健康发展的若干意见》（国发 [2014]17 号）等法律、法规和部门规章。

股权众筹行为可能涉及的法律风险主要有以下 4 点。

1. 股权众筹发行的法律风险

股权众筹发布环节，目前主要涉及《证券法》的相关规定，该法第十条这样规定：

公开发行证券必须符合法律、行政法规规定的条件，并依法报经国务院证券监督管理机构或国务院授权的部门核准；未经依法核准，任何单位和个人不得公开发行证券。

有下列情形之一的，为公开发行。

（1）向不特定对象发行证券的；

（2）向特定对象发行证券累计超过二百人的；

（3）法律、行政法规规定的其他发行行为。非公开发行证券，不得采用广告、公开劝诱和变相公开方式。

另外，我国《刑法》和《最高人民法院关于审理非法集资刑事案件具体应用法律若干问题的解释》规定的"擅自发行股票或公司、企业债券罪"的构成要件包括：

（1）未经国家有关主管部门批准；

（2）向社会不特定对象发行、以转让股权等方式变相发行股票或公司、企业债券，或者向特定对象发行、变相发行股票或公司、企业债券累计超过200人，即"公开发行"；

（3）数额巨大、后果严重或有其他严重情节的。

虽然以上法律、法规使股权众筹有了一些法律参考依据，但一些问题的具体操作仍然模糊不清。

第一，如何认定"公开发行"？我们知道，公开发行证券一般要求公司的组织形式为股份有限公司，要具备健全的组织结构和良好的盈利能力，而进行股权众筹的多为创业公司或中小型成长性企业，显然并不符合公开发行证券的条件。

第二，"不特定对象"怎么解释？股权众筹有两个红线不能碰：一是向不特定的公众发行股票；二是向超过200位特定的人发行股票。那么，如今通过互联网等平台向目标受众发布股权众筹计划，属不属于向"不特定对象"发行就成为一个问题了。

第三，对于非公开发行，采用广告、公开劝诱和变相公开方式这些规定究竟是什么意思？因为绝大多数股权众筹行为显然不具备公开发行证券的条件，

因此只能选择不公开发行，那么，在这里如何规避非公开发行中法律规定的
"不得采用广告、公开劝诱和变相公开方式"也是一个问题。

2. 非法集资认定风险

非法集资是指未经批准以发行股票、债券、彩票、投资基金证券或其他债
权凭证的方式向社会公众筹集资金，并承诺在一定期限内给以货币、实物、还
本付息。

因此，股权众筹行为必须要同非法集资犯罪区分开来，需要注意的是，股
权融资同非法集资一样也是通过网络途径向社会公众筹集资金，但是它的出发
点同非法集资有着本质区别。

非法集资是行为人非法吸引公众资金，用于货币资本的经营（发放贷款），
扰乱了正常的金融管理秩序；而股权众筹融资则是用于企业或实体项目的经
营，并非用于资本投机。

另外，判定二者区别的还有一个重要标准：非法集资往往承诺给予投资者
的回报率远高于银行利息的回报率，而股权众筹融资则不承诺固定的回报率，
相反投资者获得股东身份后，不仅享受股东权益，同时还要分担风险。

在实操中，股权众筹行为切记不要偏离现行法律规定，以免惹祸上身。

3. 民事法律风险

目前，众筹平台鱼龙混杂，各众筹平台参与者众多，如果众筹平台对于项
目审核不严，而导致投资者的资金被骗，或者因股权众筹项目发起者违约，导
致投资者的资金遭受损失时，都有可能招致大量的民事诉讼。

4. 刑事诈骗风险

如果股权众筹发起人在募集资金时，向投资者发布虚假信息，蒙蔽投资
者，那么做出投资行为的发起人有可能构成集资诈骗罪。另外，在融资成功
后，如果发起人未按事先承诺合理地使用资金，也有可能构成此类犯罪。

第2节

谋人钱财不亚于夺人贞操

◆ 外部资金入股之天使投资

在美国，天使投资人通常是那些富有的个人或家庭，他们投资那些年轻的高成长性公司，用自己的资金帮助他们迅速启动起来。还有一些天使投资人是由创业成功的企业家转型而来，这些人能带给创业者的就不仅仅是资金了，还有管理经验、人脉资源，以及对产品和市场的准确把握、商业意识等。

360董事长周鸿祎非常认同这种说法，他认为："'天使'应该是在这个行业里创过业的人，公司卖掉了或上市了，他应该对所在行业有一定的认识，有一定的资源。"

在国内，天使投资人一般情况下也都是个人，他们可能是专业的风险投资家，也可能是一个已经成功的企业家，甚至是你的亲戚、朋友或邻居。他们之所以投资，也许是因为看好一个创业项目，也许根本就不懂项目，只是看好某个创业者。天使投资的金额不大，一般都在100万美元之内。如下几个外在特征可以帮你识别天使投资人。

- 天使投资的金额一般不大，通常是一次性投入，投资方不参与管理，对企业的审查也没有风险投资商那么严格。它更多的是基于投资人的主观判断，或者是由个人的好恶决定的。通常天使投资是由个人投资，见好就收，属于个体或小型的商业行为。

- 很多天使投资人本身就是创业成功的企业家，他们了解创业者面对的困境与难处。
- 天使投资人不一定是百万富翁或高收入人士，他们可能就是你的邻居、家庭成员、朋友、公司伙伴、供货商或任何愿意投资的人士。
- 天使投资人不但可以带来资金，还能给创业者带来人脉。如果他们是知名人士，也可提高公司的信誉。

天使投资人之所以得名"天使"，是因为在很大程度上他们确实是那些"空有一个好主意、好商业模式，但身无分文"的创业者心目中的"天使"。

1996 年，张朝阳的"爱特信"成功获得其老师美国麻省理工学院尼古拉·庞帝教授等人的 20 多万美元的天使投资，后华丽转型为搜狐网，发展成为国内三大门户网站之一。这被很多人认作中国的第一笔天使投资。

天使投资人的存在，以及在国内的兴起给那些有想法但没资金的创业者提供了一种新的可能性。话说回来，不论是什么时候，要想让别人为你掏钱都不是一件容易的事，更别说是那些老谋深算的天使投资人了。

那么，如何才能让天使投资人为你埋单呢？国内著名的天使投资人，北极光创业投资基金合伙人邓峰的经历或许能给你提供一些借鉴之处。

1997 年，我和几个同学成立了一个叫 Net Screen 的公司，这是一个非常典型的硅谷型公司……当时根本不知道能不能找到钱，但是你必须先出来。如果你自己不出来，等找到钱再离开过去的公司，等于给人家一个信息：我是闹着玩的，拿到钱我就玩，拿不到钱我就不玩。从别人兜里掏钱是很困难的事，就相当于让人跳火坑一样，要让别人跳，你自己必须先跳……

我们创业团队互相做了一个承诺：把一切全抛到脑后，破釜沉舟，没有退路。当时我们规定每个人拿 5 万美元出来，我没有钱，买了房子后一点钱都没有了，就跟大学同学借了五万美元。

我们三人做了这个承诺后，再跟风险投资家承诺。我们获得第一个100万美元非常简单，只花了一个星期，都是一些天使投资人。天使投资人不太懂技术，他就赌人，看你到底有多大的承诺。你说"我把裤子都输掉了跟你一块玩"，他肯定跟你干。我现在也做天使投资人，也是这个想法。

看来，要想从天使投资人那里拿到钱，关键是你要知道他们在想什么，看重什么，然后去迎合他们的需要。要想打动天使投资人，借用他们的资金，你需要回答好以下几个问题。

1）你是谁

这个问题包括你是谁、你有一个什么样的团队、提供哪些产品和服务、有哪些核心竞争力等。在向天使投资人陈述这些事实时，一定要言简意赅地说明这些问题，直奔主题。天使投资人每年要看大量的项目，那些长篇大论的商业计划书，他们根本没有时间去细读。

2）你要解决什么问题

这个问题主要说明的是你准备做的事和正在做的事，它们能够满足哪些用户的哪些需求，预计的市场规模有多大，收益情况如何等。对这些问题，要尽可能用更具说服力的数字和图表来说话。

3）用什么方法解决问题

说得直接一点，就是你和你的团队将如何为目标客户提供产品和服务，怎样为客户提供有效的解决方案。回答这个问题，同样需要数据来支撑，而不是依靠凭空想象出来的夸张形容词。

4）如何获得收入

如何获得收入是每一个天使投资者最关心的问题，他们无论怎样给你钱让你去烧，最终目的都是希望你能获得收入，给他们带来收益。对此，一定要将你准备花多少钱、自己的商业模式以及未来两三年内的收入预期和增长模式及增长预期等情况，用尽可能理性的语言呈现给投资者。

5）未来将走向哪里

未来将走向哪里也就是项目未来成长性的问题，你重点要做的是突出如何做到阶段性地成长，这种表达也要建立在可靠、可信、可被证明的增长模式上，切不可信口开河，随意夸大。

相对于风险投资，天使投资的门槛较低，有时即便是一个创业构思，只要有发展潜力，就能获得天使资金。

◆ 外部资金入股之风险投资

风险投资，顾名思义，是一个高风险、高收益的行业。在风险投资行业，单个项目的投资回报可以高达 20 倍以上，高的甚至可以达到五六十倍的收益，这绝非天方夜谭，如在如家连锁酒店成功上市后，前期进入的 IDG 获得的投资回报就高达 60 倍之巨；阿里巴巴的上市则为"软银"带来了超过 400 倍的回报；今日资本随着京东的上市，其投资回报率也达到了 100 倍。

巨大的行业利润空间吸引着不少资金纷纷涌入。更多的资金进入和更多的目光关注也给予了风险投资者更多的压力，很多风险投资家都戏谑地称自己为"疯投"。许多业内人士却对此颇有感慨。

国外一直流行着"三成七败"的说法，的确，风险投资的经验从某种意义上来说是从失败中得到的，没有失败就不是风险投资。人们往往只关注到单个成功的项目，而成功的背后，往往有更多的失败案例。两相抵消，综合利润就降下来了。不少业内人士公开表示，风险投资行业的平均利润一般水平大约是 20%～30%。

确实是这样，风险投资人能赚大钱，但更能赔钱。大家看到百度、阿里巴巴、京东等公司上市，投资人赚得盆满钵满，却看不到许多投资人的钱血本无归。

一个风险投资基金投 10 个创业公司，平均来说只有一两个能成功 IPO（首次公开募股），还有一两个可能卖掉，更多的只能等待，看着它们是否有一天能够长大，其中有很多可能是颗粒无收，全部赔掉。

也正因为如此，风险投资人每做出一个投资决策之前，都要经过谨慎的筛选，要经过高度专业化的调研和一整套的复杂流程。

1. 万里挑一

我们能够看到的公之于众的投资案例，无不是千里挑一甚至是万里挑一的幸运儿。

每一家风险投资公司都有一支精干、睿智的运作团队，他们一年能够看的项目可能非常有限，很多风险投资合伙人一年可能要看几千个项目，但最终决定投资的却不过两三个，投资人对项目的挑选可谓是千里挑一。

2014 年 12 月，俞敏洪和盛希泰共同创立天使基金——洪泰基金。

2015 年刚过了一半，俞敏洪的洪泰基金就已收到了五六千份来自创业者的商业计划书，洪泰基金从中选取了七八十个项目，投了 4 亿多人民币。

由此可见，创业者和风投的联姻之难。

2. 尽职调查

投资人和创业者达成初步的合作意向后，会对创始人、创业公司团队和创业项目进行长期而全面的尽职调查。短则一个月，长则三个月，此期间内，创业项目的市场潜力，创业公司的财务数据，公司的账目往来，以及有无法律纠纷，都会被风投公司翻个底朝天。

在尽职调查中，创业者本人更是重点调查对象，其工作能力、教育经历、家庭背景、性格人品、胸怀等都将是投资人尽职调查的对象。投资人如此谨慎的目的只有一个，那就是确保自己没有看错人，确保自己投进去的巨额资金能得到妥善运用。

2013 年 2 月，达晨投资了一家名为上海语镜汽车的车联网公司，这家公司生产一种内置 GPS 和 SIM 卡的智能车载设备。做出投资决策之前，达晨的投资经理程仁田将全球车联网的发展现状、趋势、车联网保险等领域全部研究了一遍，光研究报告就有 110 页之多。投资前，为了深入了解项目，他每个月都出差去上海，在语镜汽车公司里一坐就是两三天，一聊就是三四个小时。

3. 财务指标

财务指标在一个公司的价值评估中有多重要，要看收入的质量，而不能看简单的数量。这个收入质量包括：是一次性的收入模式还是持续性的收入模式；可推算的收入增长度有多大；收入的类别是单一的还是多元的，如果是单一的，那么增长幅度空间要很大。

4. CFO 是谁

为了保证投资款被善用，投资人尤其关注创业公司的 CFO 人选，有些投资人甚至会直接为创业公司筛选 CFO。

投资人这样做的目的也并不是为了控制创业公司，而是想让创业公司的财务管理更加清晰，使财务制度更加透明。更重要的是 CFO 要能够得到 CEO 的信任，二者能够做到开诚布公的友好合作。对此，BlueRun 中国合伙人陈维广这样解释：

VC（Venture Capital，风险投资）将几百万甚至上千万美元投给一家公司，如何才能保证这笔钱用得恰到好处？

在还没有投钱的时候，我们就会注意这个公司的 CFO 或财务控制人是谁。他在融资阶段会跟我们打交道，介绍财务报表、市值、经营状态等情况，我们从中可以判断，这个人是不是值得信赖。如果这个人不可信任或能力有限，我们就会要求换人。很多早期公司都没有合适的财务总监，可能只有一个会计，我们就帮他们找到双方都能信任的 CFO。

5. 股权分配

很多创业者都非常担心这个问题，害怕将风险投资引进门之后，会失去公司的控制权。事实上，创业者对此大可不必担心，一些成熟的风险投资人对这个问题看得很开。

著名投资人周鸿祎有其独到而合理的见解："一般投资人不谋求做大股东，为什么？我跟某人合办一个公司，我出钱，他不出钱，我有这个公司90%的股份，他只有10%，表面上看是我控制，实际要靠他运转。我真的放500万美元在这个公司里，谁天天为这个公司操心？不是他，是我，这个公司的死活对他来说已经不重要了，他会觉得就算未来挣了5000万美元，自己也就分10%，还不如现在想办法把这500万美元装在自己腰包里更实惠。

但是如果反过来，我投了500万美元，我只占20%，他拥有80%，他肯定会天天玩命地干。投资人要的就是这种精神：我们烧钱，他烧青春，因为干成了他挣的钱比我们多。"

◆ 了解投资人的投资逻辑

投资者有很多种，一家创业公司的完整投资链条，不仅包含天使资金和风险投资，还包括PE（Private Equity，私募股权投资）和IPO（Initial Public Offerings，首次公开募股）。要了解投资人逻辑，这里有必要来梳理一下这个投资链条中各个投资方的投资节点和投资追求。

创业公司最早的投资一般是天使投资，早期的投资是风险投资（VC），中后期的是PE，上市之前有Pre-IPO，上市以后还有更大的PE、并购基金、夹层、Buyout等。这些投资机构不仅进入时间点不同，而且投资目的也有差异。

如果我们把创业视为种树的话，那么天使资金就是选种子和播种的，风险投资就是培育幼苗的，PE 则会帮助树木快速成材，上市以后的并购、夹层、Buyout 之类的类似于后期的木材加工、木艺设计、做家具及木材回收。

这里，我们只探讨最常见的三类投资方：天使投资、风险投资和 PE。如果把一个初创公司比作一个学生的话，那么，天使投资者培育的一般是幼儿园阶段的学生，萌芽阶段；风险投资机构青睐的一般是中小学生，快速成长阶段；PE 则往往着眼于投资高中生、大学生，处于成熟、收获阶段。

1. 天使投资人的逻辑

天使投资人一般是创业者的朋友、亲戚或合作伙伴，由于他们对创业者的能力和创意深信不疑，因而愿意在创业公司业务远未开展起来之前就向创业者投入大笔资金，一笔典型的天使投资往往只是区区几十万美元，是风险资本家随后可能投入资金的零头。

别看天使投资人的额度不高，他们的追求可不低。

天使投资对回报的期望值并不像风险投资人那么高，不过也要 10 ~ 20 倍的回报才能足够吸引他们，这是因为他们做出投资决定时，往往在一个行业同时投资 10 个项目，最终只有一两个项目可能获得成功，只有用这种方式，天使投资人才能分担风险。

天使投资人对初创公司的审查往往不是很严格，他更多的是基于投资人的主观判断，或者是由个人的好恶所决定的。通常天使投资是由一个人投资，最大的特点是见好就收。

天使投资是一种参与性投资，也被称为增值型投资。投资后，天使投资人往往积极参与被投公司的战略决策和战略设计，为被投企业提供咨询服务，帮助被投企业招聘管理人员，协助公关。

2. 风险投资的逻辑

相对天使投资，风险投资方要正规和严格得多，他们的投资对象多为处于创业期的中小型企业，且多为高新技术企业，做出投资决策之前，要经过高度专业化的调研和一整套的复杂流程。

风险投资的投资期限至少 3～5 年以上，投资方式一般为股权投资，通常占被投资企业 30% 左右的股权，而不要求控股权，也不需要任何担保或抵押；风险投资人一般积极参与被投资企业的经营管理，提供增值服务。

由于投资目的是追求超额回报、"快速获利，套现退出"，所以当被投资企业增值后，风险投资人会通过上市、收购兼并或其他股权转让方式撤出资本，实现增值。

所以，风险投资的投资逻辑就是资金注入以后，公司就要不断增值，当下一个投资人进来时，需要付出更大的代价才能换来同样的股份。比如，风险投资人甲投资某初创公司 1000 万美元，得到了 20% 的股份，那么，下一个投资人可能要花 2000 万美元，甚至更高的价格才能买到同样的公司股份。

创业公司的成长过程往往也是个烧钱的过程，就需要不断地引入更多的资金，所以会有一批又一批的投资人愿意一轮轮地把钱投入到创业公司里来。每经过一轮融资，公司估价就相应提高，在这个过程中，早进来的投资人的持股不断增值，后来的投资人不断对公司重新溢价认价，公司的价值也就不断地翻倍。

3. 私募股权投资的投资逻辑

PE 的资金来源一般包括富有阶层、风险基金、杠杆并购基金、战略投资者、养老基金、保险公司等。

PE 基金一般是通过私募形式募集资金，对私有公司，即非上市公司进行的权益性投资，从而推动非上市企业价值增长，最终通过上市、并购、管理层回购、股权置换等方式出售持股套现退出的一种投资行为。

PE 比较偏向于已形成一定规模和产生稳定现金流的成形企业，这一点与 VC 有明显区别。投资期限较长，一般可达 3～5 年或更长，属于中长期投资。

PE 的投资退出渠道多样化，有 IPO、售出（TRADE SALE）、兼并收购

（Merger & Acquisition）、标的公司管理层回购等。

◆ 尽职调查：投资人到底在看什么

万通集团董事局主席冯仑有一句名言："谋人钱财其难度无异于夺人贞操。"搞风投的都是人精，创业者要想撬动他们的资金，更是难上加难，哪怕是以出让股权作为融资的代价。

简单来说，风险投资人最关注的问题有这样几个。

第一，你靠什么赚钱（关于企业商业模式）？

第二，你的上下游是谁（关于企业业务模式）？

第三，如果我投资，你亏了怎么办（投资保障机制）？

第四，我给你的钱，你都花在什么地方（资金走向及用途）？

以上问题，融资者要给出妥善而合理的解答。而在企业和风险投资人就投资事项达成初步共识后，双方会签订一个投资意向书，接下来，风险投资人将对投资目标进行详尽而全面的尽职调查，毫不夸张地讲，在尽职调查过程中，风险投资人丝毫不怕麻烦，他们会将企业的方方面面翻个底朝天。风险投资人的尽职调查，主要了解以下四方面的信息。

1. 人员信息调查

投资在很大程度上就是投人。在尽职调查中，人的因素是重中之重，几乎所有的风险投资人都把对目标公司合伙人团队、高管团队的尽职调查放在第一位。除了工作能力，风险投资人对创业者的人品、胸怀、格局等要素也很看重，因为他们要确保自己投进去的巨额资金能够得到妥善利用，而人品欠佳者会让他们产生一种不安全感。

因此，投资人对于公司创业团队核心人物的调查是最全面的，也是最用心的，他们会对所有有可能影响投资决策的个体因素进行调查，如相关人士的人生经历、教育背景、性格情况、职业背景、有无犯罪经历、诚信状况等。

有时候，投资人不仅仅调查公司创业团队的成员，还会从侧面调查他们的声誉，以及他们的家人、朋友、伙伴对他们的看法。据说，还有投资人会聘请专业的私家侦探去调查公司创业者及其家人情况，以确保自己不会看错人。

最后，投资人才会得出一个综合结论，来决定是否投资。

2. 财务信息调查

财务信息调查主要调查公司提交的财务报表和财务信息的真实度、健康度，风险投资人通常会选择四大会计师事务所的职业会计师，对目标公司的财务状况进行一次全面审阅，主要是看其收入确认原则、折旧原则是否合理，有无偷税、漏税情况和其他财务风险，以及以下领域的详细情况。

1）公司资产情况

- 公司固定资产清单，包括自有资产及租赁资产。
- 上述固定资产产权文件的复印件，包括所有原始发票、购买合同等。
- 上述固定资产设置的抵押、质押或其他担保文件。
- 劳动、人事情况，公司所拥有的、许可的或被许可的所有登记的或未登记的知识产权清单，包括专利、商标、域名、版权、商业秘密、数据库等。
- 知识产权申请登记、已登记的证明、许可或与许可有关的文件的复印件。

2）公司借款、融资情况

- 公司作为贷方或借方的所有借贷合同，所有附件的复印件，以及前述借贷合同履行情况的信息资料。
- 公司在上述借贷协议项下违约（若有）情况的信息资料。
- 公司所签发的所有担保和补偿文件。

- 关于向股东或其关联方提供借款，或者从股东或其关联方取得借款的协议，详述利率、金额、提款日和还款日，以及任何相关的担保材料。
- 关于公司就股东或股东的关联方的债务向第三方提供担保的协议。

3）公司财务、税务情况

- 公司成立以来的经审计的年度财务报告、审计报告及相关的账册、凭证。
- 公司的财务管理制度。
- 公司主要债务（列明贷款银行及债权人名称、借款金额、期限、还款日）。
- 公司近 3 年经营活动产生的现金流量情况。
- 公司及其子公司于最近交税年度及现有未结束年度之报税表（税务规定、纳税鉴定和完税凭证或税务单）。

3. 业务信息调查

风险投资方会通过同目标公司的股东、管理层、员工、客户、合作伙伴进行详细交流，来了解公司的业务模式和盈利模式。风险投资方需要了解的业务信息包括但不仅限于以下 10 点。

- 公司主营业务介绍。
- 公司主营业务的所有客户名单及合作协议。
- 是否有客户会因本次投资而停止或减少其与公司的交易。
- 公司及其子公司、实际控制的公司所开展的业务情况。
- 与关联方进行交易的相关的协议。
- 近三年来，违约客户名单及详情。
- 与公司所提供的业务有关的责任索赔（5 万元人民币以上）。
- 对本行业国内外市场需求状况、特点及未来发展前景的描述。
- 有关国家对本行业的产业政策及发展规划的文件。

- 对公司未来业务发展起重大影响的因素分析，如现有优惠政策（税收）的取消、未来可能出台的支持或限制政策等。

4. 法律信息调查

法律信息调查主要是了解目标公司的法律结构和可能存在的法律风险，包括公司的成立是否合法，公司所在行业是国家鼓励类、限制类还是禁止类行业，以及公司的治理结构、董事会章程、公司章程的合规合法性。为了配合投资人的尽职调查，企业通常需要提供或披露以下信息。

1）公司基本信息文件

- 公司基本情况介绍，包括公司历史沿革简介和公司业务模式。
- 公司最新的营业执照（正本、副本）。
- 组织机构代码证。
- 税务登记证（正本、副本）。
- 公司章程及其修订案。
- 注册会计师出具的有关公司的所有验资报告。
- 公司经营活动所需的政府批准资料、登记证及许可证等。
- 公司内部组织结构图、对外投资架构图（包括股权关系和实际控制关系）。
- 分公司、子公司、关联公司、合资企业或其他对外投资情况的清单、相关协议和文件。
- 内部规章制度（劳动人事、财务管理、投资管理等）。
- 公司当前的股权架构。

2）公司以往诉讼、仲裁情况

- 有无针对公司或其任何股东的判决、裁决或其他争议解决程序？如果有，须提供该判决、裁决的复印件，并确认是否为公司或其股东设定了重大义务。

- 有关公司的现实存在的或可合理预计的诉讼、仲裁或其他争议解决程序的信息。
- 公司对任何协议的任何违反的详细情况，该违反将导致债务提前到期或协议的解除，从而对公司的业务产生重大影响。
- 所有正在进行的或潜在的诉讼、仲裁情况，由有关部门，包括但不限于由税务、工商行政管理、环保、公安、医生、劳动人事、纪检等部门针对公司的执法或行政调查的清单。

第 3 节

直击痛点，对症下药

◆ 投资人的有色眼镜

我问资深投资人："你认为应该去投资一个还在读书的大学生，还是投资一个 BAT（百度、阿里巴巴、腾讯）管理层出来创业的人呢？"

他毫不犹豫地说："这还用问，肯定是 BAT 管理层出来的呀！"

他又解释说："我们很多投资人，对于那些从 BAT 管理层出来的创业者，给他们投个几千万是很容易的事，哪怕失败了也没什么，至少人家可靠，值得信任。我们不是不投资那些大学生，而是他们没有什么能值得我们去相信的！"

他的观点让我明白了两点：其一，有些时候不是你有多认真，吹嘘自己有多牛就能得到投资人的青睐，而是只要做到投资人觉得你靠谱就够了；其二，投资人审视创业者的时候是戴着有色眼镜的，在他们眼里不同出身、不同背景的创业者早已被私自分成了三六九等。

这就是投资人的"身份症"！

【案例】

投"黄太吉"，其实就是投郝畅这个人

2014年，业界流传"黄太吉"被估值12亿元，"黄太吉"用互联网思维做煎饼果子，年收入竟然能达到十几亿元，引起了业界热烈讨论。

当初投资"黄太吉"的盛景嘉成基金创始合伙人彭志强坦言，"投黄太吉，其实就是投郝畅这个人。"

郝畅何许人也？"黄太吉"创始人。

郝畅又是如何打动彭志强的呢？

1. 郝畅确实是个人才

郝畅不只是个做煎饼的，创业之前，他曾在百度、谷歌待过，对互联网营销和用户体验的理解都很深刻。

2. 有创业者的激情

郝畅积极、勤奋、能吃苦，每天起早贪黑，充满正能量，大部分时候都是在考虑企业发展，聚焦而专注。

3. 有名人为之"背书"

盛景嘉成基金的团队之前和赫畅并没有打过交道，只是赫畅的老师中欧创业营发起者李善友教授很赏识他。而且高原资本投资人涂鸿川的投资风格一贯谨慎，也投资了"黄太吉"，说明郝畅确实靠谱。

4. 执行力超强

投资人第一次去考察"大黄疯"小火锅时，赫畅就跟他们讲现在做成什么样了，哪些与之前预想的不一样，想错了，以后要改成什么样。半个月后投资方特意又去考察，发现很多方面确实有了明显的改进和提升。

5. 能说会道

能说会道才能忽悠到投资人的钱。郝畅就是这样一个创业者，"第一次与赫畅交流时，时间紧、内容多，刚开始我都担心赫畅背过气去，因为他30分

钟连续讲话，几乎没喘过气，太能说了。"这是彭志强眼里的郝畅。

6. 骨子里的互联网思维基因

郝畅打造的"黄太吉"，其包含互联网思维并不只是用来做做表面文章，其内部管理高度"移动互联网化"，微信是其内部管理的主要平台之一，基于微信端的信息通报系统每小时通报每一家店的订单、投诉等，而且大家还在微信上进行 PK，这些非常适合年轻人的特点，参与感、即时反馈、游戏化、快乐工作。

他们不是以营销为目的炒作互联网思维，而是互联网思维和基因已经渗入这一代新人类的血液中。

"黄太吉"团队干什么事都在用互联网思维，营销只不过是容易被外人看到和感受到而已。这是真正可以落地的互联网思维，而不是飘在天上的概念和口号。

这样看来，风险投资人的"身份症"也没什么不妥，换位思考一下，选投资项目、选创业者，还就得找类似郝畅这样的对象。

那么，什么样的企业创始人、企业运营团队才能进入风险投资人的法眼呢？

1. 名企出身

出自 BAT、华为、微软、谷歌的创业者，包括其资深工程师和高管更容易获得风险投资。

截至 2014 年年底，创始人或创始团队成员来自阿里巴巴创业公司的有 158 家，其中 2014 年创办的公司有 36 家。从投资轮次分布上看，近一半获得投资的创业公司现在处于 A 轮阶段，达到 B 轮的也有 11%，可以看出阿里巴巴系创业公司的融资进程在各大派系中是很快的。2014 年阿里巴巴系公司中蜜淘网、堆糖网、星空琴行等完成了 B 轮融资。阿里巴巴系获投资创业公司现阶段轮次分布如图 3-1 所示。

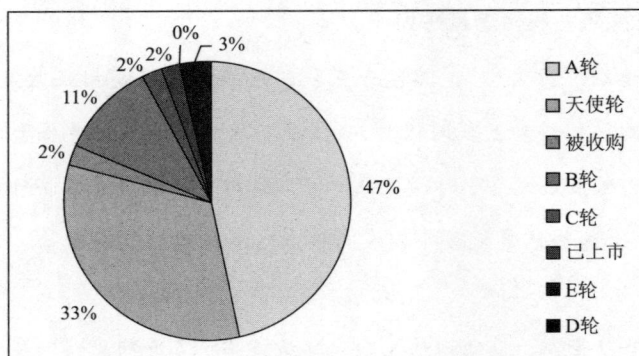

图 3-1　阿里巴巴系获投资创业公司现阶段轮次分布

　　截至 2014 年年底，创始人或创始团队成员来自腾讯的创业公司有 156 家，其中 2014 年创办的公司有 32 家。从投资轮次分布上看，天使轮和 A 轮占了很大一部分比例。百度系获投资创业公司现阶段轮次分布如图 3-2 所示。

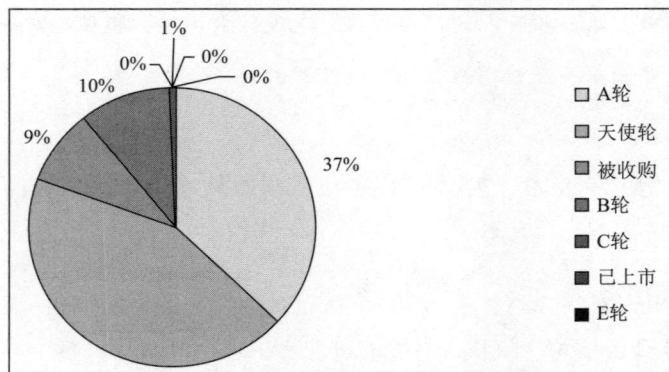

图 3-2　百度系获投资创业公司现阶段轮次分布

　　2014 年 12 月 31 日，创始人或创始团队成员来自百度的创业公司有 118 家，其中 2014 年创办的公司有 41 家。从投资分布上看，天使轮和 A 轮占了大部分，说明百度系获投资的创业公司大部分处于初创阶段，这也跟百度系在 2014 年出现了大量创业公司有关。

2. 名人效应

名人组织团队创业更容易获得风险投资人的青睐。比如，雷军带领小米团队创业时，早已功成名就，成为知名企业家。再比如，新东方的前总裁陈向东出来创办"跟谁学"，也很容易打动投资人为之埋单。

滴滴打车的 COO 柳青加盟滴滴之前就非同小可，她是高盛亚洲区董事总经理。柳青出任滴滴 COO 后，在资本圈的人脉和能量很快得到了施展，仅用了半年的时间，她就为滴滴融来了 7 亿美金。

笼罩在柳青身上的另一个光环，相信也很被投资人看重，她出身名门，是联想董事局主席柳传志的女儿。

3. 互补型团队

创业团队如果能做到在出身、学历、背景、性格、能力上互补，避免同质型（如全是技术型、市场型、内敛型、土鳖型、海归型）团队，则更容易获得风险投资。

另外，在互联网时代，创业者团队有出身互联网的，也有来自传统行业的，如果两者能优势互补的话，也会被风险投资人看好。

比如，徐小平曾投资过一个从传统企业走出来的人，他从事纺织材料贸易，希望用互联网颠覆中间第三、第四层的产业链。这位创业者本人对纺织贸易了如指掌，而他的联合创始人则是从腾讯出来的员工，于是，在他们第一次见面时，徐小平当场就投了他。

◆ 风险投资人喜欢锦上添花，还是雪中送炭

2014 年，随着阿里巴巴的上市，有句话在网络上被疯传："今天你对我爱答不理，明天我让你高攀不起。"

这句话源自阿里巴巴上市前夕马云的路演演讲，面对蜂拥而至的美国投资人，马云实际上的开场白是："15 年前来美国要 2 百万美元，被 30 家风险投资方拒了。我今天又来了，要 2 百亿美元。"尽管马云此后补充这句标题并非他的原意，但这某种程度上似乎是一种思维定势。

马云对投资人调侃的背后，反映的其实是创业者和投资人之间的一个天生矛盾。创业者希望的是"雪中送炭"式的投资和支援。风险投资人最擅长做的事则是"锦上添花"，极少为创业者"雪中送炭"。

创业者与投资方之间本就是双向选择，因此，在选择创业者的同时，投资方也在被创业者筛选，创业者并非每一笔投资都会接受。但是对创业者而言，他们会多重考虑外部投资所带来的风险与利润。初创企业的一切行为都是为了在激烈的竞争中生存下来，他们并不需要锦上添花式的可有可无的帮助，他们更需要的是"雪中送炭"。遗憾的是，风险投资人并不这么认为，就像马云曾经在投资人那里吃了无数闭门羹一样。

在"中国 PE/VC 新形势挑战"分论坛上，集富亚洲董事总经理（中国南区）朱建寰称："风投坚持从最早期开始做好企业很困难，我们经常给人的印象是锦上添花，而不是雪中送炭，希望现状慢慢改变，但是需要相当长的时间，很抱歉，我们多数情况还是锦上添花。"

存在即合理，这或许才是最理性、最现实的创（创业者）投（投资人）合作逻辑。认清这一点，有助于创业者进行更具针对性的融资，而非毫无准备的盲目出击。

随着投资环境的越来越成熟，创业者对融资问题也越来越理性，他们把更多的精力放在了内部经营上，先修炼内功。332 掌门人叶新艺就表示："专心经营要大于热钱"，但叶新艺并不避讳风险投资。他对风险投资有着理性的认识："风投应该是锦上添花，不应该是雪中送炭；当经营理念与商业模式得到了市场的检验，夯实自身发展的基础并走出一条良性的发展轨迹的时候，再正确利用风投资金，则会使企业稳定地发展壮大；但是在商业模式立足未稳之时，就单纯地依靠风投提供企业的发展原动力，如此急功近利极有可能酝酿经营风险。"

中华英才网是今日资本的一个投资成功范例，中华英才网从一个 5 人的小公司做成了行业巨头。不过在前期，中华英才网曾经历了两次 CEO 的变更。第二任 CEO 张建国上任前，徐新和他进行过一番沟通。

徐新说："你要来，这是非常好的舞台，但要把你的身家放进来。"

张建国问"需要放多少？"

徐新回答："把你身家的三分之一放进来吧。"

结果张建国真的把房子卖了，把钱投进了中华英才网。

张建国还有一个人力资源咨询公司，在业内小有名气。徐新告诉他："你这个公司做不大，充其量能做到 1 亿元的销售收入，能赚个 2000 万元就撑死了，互联网是一个无人之地，来了就能把这个事业做大。"

后来徐新又代表资本方追加了条件："你要来，第一把钱放进来，第二把公司退掉，第三工资不能拿太高，但是我们会给你很多股份。"

张建国接受了这些条件，得到了 15% 的股份，如今已经身价不凡。

还是那句话，风险投资人非常精明，创业者要想让他们投钱陪自己一起玩，就要让他们跟自己一起"跳火坑"，承担风险。只有你先跳入火坑，自担风险，将所有身家积蓄都投进去，将公司做出个轮廓、做出个模型，才能让他们看到希望，他们才会为你"锦上添花"。

◆ 投资人关注的核心问题：能否全身而退

与传统投资相比，风险投资是一种主动的投资方式。所以，由风险投资支持而发展起来的公司成长速度远高出普通同行公司。公司发展壮大后，将会以上市、并购等形式出售、退出，投资人将得到高额的投资回报。

几乎每个风险投资基金都有自己的生命周期，到期他们就得退出，他们不可能陪创业者长期玩下去，而控股也不是他们的目的，他们所追求的就是快速赚钱，全身而退，"快速获利，套现退出"是风险投资的一个显著特征。

风险投资的投资期限至少3～5年以上，投资方式一般为股权投资，通常占被投资企业30%左右的股权，而不要求控股权，也不需要任何担保或抵押；风险投资人一般积极参与被投资企业的经营管理，提供增值服务。

由于投资目的是追求超额回报，"快速获利，套现退出"，所以当被投资企业增值后，风险投资人会通过上市、并购或其他股权转让方式撤出资本，实现增值。

IPO是所有创业者的梦想，也是风险投资最理想的退出方式。美国风险投资在中国投资的公司大部分赴美国纳斯达克、香港联交所上市，这两年也有公司在纽交所上市。选择合适的时机、合适的市场、合适的发行价是影响一个公司IPO的关键因素，在这个选择的过程中，投资人将陪企业家走完最后一段路。

IPO是风险投资退出的最佳渠道，通过IPO可以得到相对丰厚的回报。创业者和企业管理层也比较青睐这种退出方式，因为它既表明金融市场对公司良好经营业绩的认可，又可保持公司的独立性并获得在证券市场上持续筹资的渠道。

除了IPO，并购也是一种很好的退出方式，前文所提及的分众传媒对聚众传媒的收购就是由投资人在背后促成的。不过很多投资人都认为中国的并购市场目前还太小。

一般而言，IPO可能给创业者带来事业上的巨大成就感，但成本很高，风险也很大。并购成本相对较低，风险也相对较少，但创业者的事业成就感可能会弱一些。其实，无论 IPO 还是并购，重要的还是要适合公司的发展需要，哪种方式能使公司和股东利益最大化，哪种方式对公司的长期发展最为有利，这些才是理性决策的基础。

通常情况下，第一轮的投资人进入后，一般会拿走所投公司 20% ~ 30% 的股份，并不会动摇创业者作为第一大股东的地位。当然，如果公司的发展势头良好，还需要进行第二轮、第三轮甚至更多轮融资时，又要另当别论。

◆ 风险投资人会投哪类公司

阿里巴巴、唯品会、360、腾讯、黄太吉、滴滴打车等财富新贵们与风险投资人的完美联姻，相信已经拨动了每一个具有创富梦想的热血创始人的心，这些有别于传统的快速积累财富的故事，在充分吊足了他们的胃口的同时，也为他们树立了可供参照的标杆，指明了今后的努力方向。

伴随着这种激情与野心，公司创始人对风险投资人也会有许多疑问，其中最常见的莫过于以下这些问题。

- 风险投资人选择项目的标准是什么？
- 他们究竟对什么感兴趣？
- 如何才能让他们看我的商业计划书？
- 他们会不会有意压低我们的价格？
- 他们投资一家公司后一定要换掉它的 CFO 吗？
- 钱怎么用，他们管得有多严？
- 投资人会不会通过掌握控股权来控制我的公司？
- 拿了投资人的钱是不是以后就得听他们的?

上述问题直接反映了融资者在进行融资时的不成熟心态，市场中的现实状况也是如此。目前，国内市场上的风险投资人越来越多，但是真正能从他们那里拿到风险投资的创业者凤毛麟角，这与融资者的稚嫩心态可以说不无关系。

要想让自己的公司脱颖而出，就要学会去揣摩投资人们的心态，想他们之所想，弄清他们看重的究竟是哪些要素。

1. 对于创业团队

由于中国的商业环境和国外成熟的市场不一样，特别是在美国，有很多公司规模都很大，整个商业环境也比较规范，换一个管理团队是可以继续运转的，而且也很好找这样的管理团队。但是，在中国，由于那些刚创立的公司各有各的玩法，特别是创始人更是起着灵魂般的作用，他的地位是不可替代的，换一个团队很可能根本就玩不下去。所以，在国内，风险投资人很少打更换创业团队的主意，也正因为如此，他们对创业团队也有着更严格的审核程序和要求。

第一，团队成员的互补性。

通常情况下，风险投资人在考察创业团队时，都会考察团队成员搭配是否合理。戈壁基金合伙人徐晨曾说："多数情况下，我往往青睐团队多于个人，不管这个团队已经存在，还是潜在存在，因为无论个人能力有多强，有一个合适的团队支持，其能力可以更好地表现出来。同时，能否创建和谐团队也预示了公司是否有规模化的可能。在此基础上，团队的背景越多元化，其成功的可能性相对越高。创业者最好不要有过于相似的背景，因为他们想事情的方法一样，这样的团队其实和一个人没有什么区别。有不同背景的团队可通过相互协调，相互补充，共同协作，使优势最大化。"

第二，团队成员的人品。

由于投资人的投资风险巨大，且不能轻易更换创业者，所以在决定投资前，他们一般都会对创业团队的成员特别是创始人进行详尽、细致地调查，调查的对象一般是他们的家人、朋友、合作伙伴，甚至是很久以前的老师和同学。如果在这一过程中，稍有不如意，他们往往就会立即中止自己的投资。投资人之所以这样做是基于这样一个认识："投机取巧、心术不正的人不可能成就大事业。"

第三，创始人要投入自己的全部身家。

投资人所进行的投资活动是一种高风险的赌博，所以，在说服他们与你一起赌之前，一定要让他们看到你的承诺与决心。正如北极光创投合伙人邓锋所说的那样："风险投资就是赌人，看你到底有多大的承诺，如果你说'我把裤子都输掉了跟你一起玩'，那他肯定跟你干。"

2. 对于商业模式

对于风险投资人来说，商业模式同样是吸引他们的一个至关重要的投资元素。

第一，商业模式要简单。

商业模式即通常所讲的盈利模式，在风险投资人眼里，那些缺乏简单明了的盈利模式的项目是没有投资价值的。商业模式的一个最基本的判定标准就是——它是否足够简单。因为，复杂的商业模式往往理解起来很困难，而且不易实现，更难以进行规模化运作。因此，简化自己的商业模式是创业者的一门必修功课。

第二，生意的可持续性。

对于这一点，软银赛富的合伙人杨东是这样解释的："我们投资了项目后，肯定想让它扩张上市，所以，如果可持续性不好，也就无从谈起了。比如说，快速消费品的发展空间足够往前走，我觉得只要有可持续性就好，生意就会比较值钱。

比如，PC 和汽车的可持续性就受到一点挑战。现在你买一个 PC，和买两年前的 PC、两个月以前的 PC，其实功能上差不多，那这个行业的可持续性就降低了很多。你买 130 万元的车、30 万元的车，以及 3 万元的车，都能跑到 100 公里以上，而且都有空调，那么汽车厂商给客户带来的可持续性价值就降低了很多。

而有些生意的可持续性令我们都很吃惊，如可口可乐，50 年前大家就喝，50 年后大家还再喝，可能再过 50 年大家依然再喝。"

3.　对于股权架构

第一，公司股权架构是否合理。

融资公司的股权架构会直接影响风险投资的进入，通常风险投资人对股权架构的考核要素有以下几点。

（1）股权结构明晰简单。

股权结构明晰是指融资公司有着明确的股东数量、股比、代持人及期权池等。

股权结构简单是指目标公司股东最好不要太多，成长性公司最科学的配置是三人股东制，这样在沟通方面会有缓冲地带。

（2）要有一个核心股东。

如果股东当中，各股东的股份过于平均，谁说话都算数就等于都不算数，因此股东中要有能够一锤定音的决策者。

（3）股东资源互补。

股东资源互补不仅有性格上的互补，还有专业背景、社会资源上的互补，以便各司其职，带来公司运营所需的各种资源，促进公司健康成长。

（4）股东之间的信任与合作。

股东要各自独当一面，各司其职，互不干涉，彼此信任。股东们要"补台"，而不是"拆台"，齐心协力将事业做大、做强。

第二，风险投资对于股权的要求。

很多创始人都非常担心这个问题，害怕将风险投资引进门之后失去公司的控制权。事实上，创业者对此大可不必担心。对于这个问题，著名投资人周鸿祎有其独到而合理的见解。

　　大多数人都会认为投资人都是吃肉不吐骨头，其实你错了，一个有眼光的投资人一定会平衡资本和创业者之间的轻重。如果投资人不讲游戏规则，一上来就拿了人家创业公司 50% 的股份，这个企业将很难经营下去。因为创业者可能开始很傻，后来慢慢就懂了，慢慢想为什么你占我那么大便宜，我想每个人都会开始打算盘了，中国人最朴实的一步——惹不起我躲得起，我不给你干了，总可以吧。创业者一走，这个企业还有什么呢？精神都没了。

4. 关于财务指标和 CFO 问题

　　在财务指标里，风险投资人一般最看重两点：第一，公司的毛利率有多少，这意味着公司可承担的风险有多大；第二，公司消费和收入的比例要合理，如果消费支出的比例很高，即使收入很高也有问题。

　　另外，谁来担任公司的 CFO（首席财务官），也是风险投资人非常关心的问题。对此，BlueRun 中国合伙人陈维广这样介绍：

　　风险投资人将几百万甚至上千万美元投给一家公司，如何才能保证这笔钱用得恰到好处？

　　在还没有投钱的时候，我们就会注意这个公司的 CFO 或财务控制人是谁。他在融资阶段会跟我们打交道，介绍财务报表、市值、经营状态等情况，我们从中可以判断，这个人是不是值得信赖。如果这个人不可信任或能力有限，我们就会要求换人。很多早期公司都没有合适的财务总监，可能只有一个会计，我们就帮他们找到双方都能信任的 CFO。

　　我们会跟 CEO 解释，找 CFO 并不是为了监控他，而是帮助他更好地管理公司。作为 CFO，财务管理要非常清晰透明，发现有问题的时候，能向 CEO 与董事会真实地表达出来，而且为人要正直。CFO 不一定要偏向我们，他最重要的是能跟 CEO 友好合作，如果 CEO 不能信任他，我们信任他也没用。而且 CFO 不只是做财务，他还要支持 CEO 做很多事情，如市场部给一个大客户提方案，CFO 要看一看市场部定的价格与条款，起码要保证公司有足够的财政资源去接这个单子，而 CEO 也要相信 CFO 的判断。

"知己知彼，方能百战不殆"。融资者只有真正抓住了风险投资人的上述痛点和关注点，才能真正做到在融资的过程中轻车熟路。

◆ 如何说服投资人为你埋单

了解了投资人的喜好，对于融资者来说仅仅是迈出了融资的第一步，要知道那些投资人都是非常冷静而谨慎的，他们不会轻易做出投资决定，除非你的东西能够真正打动他们。

所以说，风险投资的获得除了取决于融资公司的素质外，还需要一定的融资技巧。也就是说，获取创业资本支持的过程就是展示企业投资价值和融资技巧与说服能力的过程。

1. 相关材料准备

在准备和投资人洽谈融资事宜之前，应该准备四份主要文件，提前递交《商业计划书》，并争取得到创业投资人外延网络的推荐，这通常是使本企业的《商业计划书》得到认真考虑的重要一步。在大多数情况下，能够承担这种推荐任务的可以是律师、会计师或其他网络成员，因为投资人最容易相信这些人对业务的判断能力。相关材料准备文件如表 3-2 所示。

表 3-2　相关材料准备文件

文件名称	描述内容
《投资建议书》	对融资企业的管理状况、利润情况、战略地位等做出概要描述
《商业计划书》	对融资企业的业务发展战略、市场推广计划、财务状况和竞争地位等做出详细描述

文件名称	描述内容
《尽职调查报告》	对融资企业的背景情况和财务稳健程度、管理队伍做出深入细致调研后形成的书面文件
《营销材料》	这是任何直接或间接与融资企业产品或服务销售有关的文件材料。正式和投资人接触之前，一般需要提前向投资人递交《业务计划书》，及其《行动纲要》

上述文件中最重要的是《商业计划书》，《商业计划书》大致包含以下几项内容：简短地介绍融资企业的股东结构、商业模式、产品和市场，直截了当地将生产的产品是什么、谁是企业的顾客、为什么企业会有竞争力；直截了当地勾画出企业今后的财务情况，包括销售规模、利润等。清楚明了地指出需要多少资金达到预期目标，以及所需资金的主要用途；总结部分应该简短，起到画龙点睛的作用即可。对于《商业计划书》，戈壁基金合伙人徐晨给出了这样的建议：

就创业计划书一项来说，其内容的质与量落差之大，绝对可以令多数人瞠目。从 800 多页的类似小说的计划书到精炼得仅有半页的执行概要，应有尽有。

有的甚至连计划书都没有，只在给我们的信中说："我这边有一个很好的想法，我的公司将来可能市值上亿，如果你不联系我，你就会错过一个近 10 年最好的投资机会。"我的经验是，公司的好坏和商业计划书的长短有着完全非线性的联系，但没有计划书往往比较容易受到忽略。

2. 如何说服投资人

融资者去见投资人的时候经常不知道怎么谈，觉得自己的公司什么都好，但就是说不清，或者不知道从哪儿说起。

融资者容易犯这样一些错误。一些融资者一上来就开始大谈特谈很多定性的东西，如"我们这个东西，一出来就把谷歌给灭了，我们这个东西绝对是世界老大"，其实这在投资人那里都是非常忌讳的。中国人都喜欢定性，写出来的东西都不是具体的，而是笼统的。听了半天，投资人往往没有了耐心："你讲了半天，我知道你的东西好，可这种好应该由我来下结论，而不是你来讲。"

而且，还有人一上来就谈国际形势，谈互联网会有什么发展，国内怎么样，等等。要知道，投资人都很聪明，天天读产业报告。你应该开门见山，别给人家上互联网形势教育课。

很多人的商业计划书前 20 页都是对这个市场的综述，还有一类人偏好先抒发个人情怀，就跟诗人一样，讲讲自己的理想，自己当年如何如何。他们想通过这些让投资人起化学反应，但他们错了，投资人都是非常冷静的，如果真的投了你，通过跟你的交流会更多地了解你这个人。但是你这个人再好，如果附在《商业计划书》前面的是你的诗集，投资商看都不会看，随手就丢到垃圾桶里，因为你太感性，你可能真是一个很优秀的诗人，但不等于能把商业模式做好。

其实在面对那些国际大牌投资人时，你只需要在几分钟之内，用最简单、清晰的语言描述做了什么东西，这个东西有什么样的市场，提供了什么样的价值，为什么别人会用它，是不是还有更多的人会使用，至于怎么挣钱，你自己知道就好，不知道也没关系。

3. 不要"包装"公司

很多创业者在与投资人接触之前，往往都会花很多精力去包装自己的公司，其实这是一个误区，因为很多投资人在考察目标公司的时候都比较现实，他们更看重的是项目本身的可行性与吸引力。即使你把项目包装的再好也很难为自己赢得更多的说服筹码，甚至会在投资人那里起到完全相反的作用。软银赛富基金的一个合伙人曾谈道：

我们曾经去看过一家做软件的企业，中午 12 点 30 分到了公司，本来就想跟他们老总谈谈，结果发现公司里面每个员工都特别得上进，还在那儿工作呢。后来只谈了半个小时我就出来了，我觉得这个创始人明显在骗我，因为一个做软件的企业不可能中午不休息。

在考察时，我们更要看公司的管理。很多情况下，我们进入一个公司，三分钟就知道这个公司管得好不好。

风险投资人的眼光往往是雪亮的，所以，在他们面前创业者要做的就是在自己的项目上狠下工夫，而不是通过一些歪门邪道的手段来投机取巧。

第4节

财富倍增的资本盛宴

◆ 股权投资时代，人无股权不富

新中国成立后，中国人的财富载体经历过四种形式的变迁。

1. 计划经济时代的粮票

在计划经济时代，谁拥有更多的粮票，谁就拥有更多的财富，同时也是能力的象征。

2. 市场经济时代的存款

改革开放之初，普通人的投资通道有限，人们处理闲钱的方式就是存在银行里，收获利息。这个时期，衡量人们身价的重要标准就是存款。

3. 市场经济时代的房产

近十余年来，国内房地产市场呈爆发增长之势，房价暴涨，持有多处房产的人成了这一轮资本盛宴中的赢家。

4. 资本时代的股权

股权投资是资金运作模式之一，具有高风险、高收益的特点，这种财富裂变式积累方式在国内很受欢迎。据了解，中国当前资产排名前 100 位的富豪，其身价都是源自所持股权价值的增值，几乎没有一个不是靠原始股（投资）赚钱的。

今天，中国正在快速进入资本投资时代，财富的倍增逻辑已经发生变化。2017 年的全国"两会"也给股权投资领域带来了一系列利好消息。

首先，国家开始鼓励股权投资基金的设立。

其次，国家相关制度或机构将会致力于引导股权投资基金的良性发展。

最后，股权投资称得上是当今中国最赚钱、盈利能力最强的一种商业模式。

下面通过分析一些大家都耳熟能详的商业案例，来说明股权投资的"恐怖"回报。

2004 年 6 月 16 日，腾讯上市当日造就了 5 位亿万富翁，7 位千万富翁和几百位百万富翁。

2005 年 8 月 5 日，百度在美国挂牌上市，当天，百度创始人李彦宏及公司核心高管刘建国、徐勇、梁冬、朱洪波等 8 人，瞬间成为亿万富翁。同时，百度的上市还诞生了 50 位千万富翁，200 多位百万富翁，当天所有的股东情绪兴奋，彻夜无眠，庆祝狂欢。甚至，百度的一位前台小姐也成了百万富翁。

2006 年 7 月，史玉柱在开曼群岛注册巨人网络公司。2007 年 11 月 1 日，巨人网络集团有限公司成功在纽约证券交易所上市，当天市值高达 42 亿美元，企业成立仅仅一年多就成功赴境外上市，创下了企业上市最快速度的纪录。随着公司上市，史玉柱身家一举突破 500 亿人民币，此外，巨人网络的上市还制造了 21 位亿万富翁，将近 200 位百万富翁和千万富翁，其中有很多都是提前认购了巨人网络原始股的外部投资人。

2010 年 4 月 26 日，海普瑞这家鲜为人知的生物医药公司，以每股 148 元的价格招股。按这个价格计算，公司创始人李锂、李坦夫妇合计持有 28803.7 万股，其身家为 426.29 亿元，在此之前几乎无人知晓的李锂夫妇一时间荣登内地首富。

童文红，阿里巴巴集团 27 名合伙人之一，现任菜鸟网络总裁，被称为"最励志"的合伙人。2000 年，童文红进入阿里巴巴做前台，马云给了她这个前台 0.2% 的股权，告诉她说"将来阿里巴巴上市，市值会达 1000 亿，你就在阿里干，不用到其他公司干了，等公司上市了你就有一个亿了。"2014 年 9 月 19 日上午 9 时 30 分，阿里巴巴在纽约证券交易所敲钟上市，当天股票报收 93.89 美元，涨幅达 38.07%，市值达 2314.39 亿美元。正如同之前马云对童文红的承诺一样，30 位阿里巴巴合伙人，以及多位联合创始人等全部成为超级亿万富豪，其中马云以超过 280 亿美元资产成为中国新首富，按阿里巴巴有 50% 的员工持股估算，10000 多名阿里巴巴员工将平均可套现超过 400 万美元（超过 2400 万元人民币）。一夜之间，阿里巴巴总部所在地杭州，出现了大量亿万、千万、百万富翁。

伴随公司的上市，随着公司原始股的暴涨，获利的不仅仅是持股的公司创始人、核心高管和普通员工，还有进行了股权投资的外部投资人。

2000 年，香港李泽楷旗下的盈科动力向腾讯注资 110 万美元，占股 20%，一年后，盈科将手中的腾讯股权以 1260 万美元的价格出售给了南非"米拉德"（MIH）国际控股集团。这项投资仅用了一年的时间，回报率就高达十余倍。

再来看这家来自南非的接盘手，至今，"米拉德"（MIH）国际控股集团仍是腾讯第一大股东，持股 34.27%，现在腾讯市值已突破 3000 亿美元，"米拉德"所持股权市值在 1000 亿美元以上。如果单纯计算该集团当初以 1260 万美元从李泽楷手中购得的 20% 股权，其当前市值约为 600 亿美元，这笔投资的回报率为 4761 倍。

2014 年 5 月 16 日，聚美优品在美国上市，根据当天公司市值 38.7 亿美元推算，天使投资人徐小平此前曾向聚美优品投资 38 万美元，持股 8.8%，市值高达 3.4 亿美元，仅仅 4 年时间获得了 800 多倍的投资回报。

今日资本总裁徐新是京东商城的第一个投资人，因为介入较早，随着京东商城的成功挂牌上市，这笔投资（3000万美元）给她带来了难以想象的超额回报（22亿美元）。

红杉资本创始人之一的沈南鹏，曾经以100万美元起步，4年间通过原始股投资，赚了80亿美元，投资回报8000倍。

这些案例让我们见识了股权投资的"恐怖"回报，未来是人无股权不富的时代，持有股权的人将是新的财富赢家。

◆ 成立投资公司，对外投资股权

公司创始人通常有以下3种收入。

1. 经营性收入

经营性收入是企业依靠提供产品或服务而获得的收入，它是建立在企业正常运转（生产、运营、销售）基础之上，是一种重资产模式的收入，需要投入大量的人力、物力。

2. 融资性收入

融资性收入从眼下看是一种零成本的收入，分为股权融资性收入和债权融资性收入。股权融资性收入，企业出让的是股权；债权融资性收入，企业到期还本付息。融资性收入的性价比取决于企业经营业绩。通常，企业成长速度、盈利增长速度要在高于平均融资成本的情况下，融资性收入的性价比才能显现出来。

3. 投资性收入

企业需要资金的时候会进行股权融资。同样的道理，当创始人手里有了多余的资金时，也可以对外进行股权投资，获得收益。

这里所讲的投资性收入是对外股权性投资，这部分收入是由资本增值带来的，属于"钱省钱"，即使创始人不去负责投资项目的具体运营，这部分收益也会产生，而且有时它带来的收益甚至可能会超过企业本身的经营性收入和融资性收入。比如，段永平专职从事股权投资，仅用几年时间获得的收益就超过了此前他经营实业十年间得到的收益。

股权投资性收入的"恐怖"回报我们已有所了解，在资本经济时代，创始人应在确保本体企业经营性收入的前提下，扩大对外投资，坐享股权投资性收益。

成功的创始人要有两个公司：第一，个人主导的公司，即自己一手创立、亲自经营的公司，是创始人的根基和大本营所在；第二，持股公司，即投资入股的外部公司，只参与分红，而不参与具体经营，当然必要的时候可以提供指导，作为公司的独立顾问。

创始人的主导公司可能只有一个，而持股公司则不受限制，完全可以四处开花。

【案例】

小米的产业链关联公司

2013年下半年，小米公司开始大规模投资关联企业，打造小米生态链，所投资入股企业分布在各个产品线，包括紫米、智米、华米、飞米、绿米、云米、蓝米等，其中，研制出小米手环的华米科技在2014年底已经完成B轮3500万美元的融资，估值3亿美元。

在华米科技的融资发布会上，小米联合创始人刘德分享了小米选择生态链伙伴的几个标准：

第一，所做的产品有没有巨大的市场。

第二，这个领域的产品有没有痛点、不足，如价格贵，性价比不足等。

第三，这款产品是否可以迭代。

第四，这款产品是否符合小米的用户群。

第五，这个团队是否足够强。

第六，团队的老大是否与小米有共同的价值观。

截至 2016 年年底，小米生态链上的关联企业已达上百家，这些企业的整体营利已经突破 100 亿元。

小米对关联公司的基本态度是——只投资，不控股。关联公司仍然是独立的公司，小米只在必要的时候输出关于产品的价值观和方法论，并为其提供销售渠道和营销支持，实现资源共享和利益共赢。

如果从主导公司和持股公司的角度衡量，小米就是雷军等创业合伙人的主导公司，而那些产业链公司则是其持股公司。

对外股权投资通常应由专业的投资公司来开展，通俗来讲，投资公司就是装修公司的公司。投资公司在注册程序上同其他公司基本相同。投资公司又分为以下 3 种。

1. 投资公司

投资公司是将货币或资产投向本身以外的企业或个人，从这种货币或资产的投入中取得直接经营收入或通过股份变现实现资金退出的企业法人。投资公司的最低注册资本为 1000 万元（人民币）。

2. 投资管理公司

这类公司主要为其他公司提供战略策划，以及资金引进等一些限制公司发展的不利因素，从而实现公司的复兴，达到合作双赢的目的。

3. 投资担保公司

该类公司的最低注册资金为 3000 万元（人民币），其高管要具备大专学历，有银行等相关机构两年以上的工作经验；公司董事要具备大专学历，相关经济工作 3 年以上的从业经历；公司高管中必须有律师、会计师、经济师，并且股东和高管都要出具无犯罪证明和银行资信证明等。

◆ 对外股权投资风险规避

高收益必然伴随高风险，股权投资的风险和收益同样是成正比的，而且投资流动性较差，适合做长期投资。因此，进行股权投资需要格外谨慎，做好风险规避。

1. 对外股权投资的两种形式

同公司进行股权融资时的外部资金进入形式一样，创始人对外开展股权投资也有以下两种形式。

第一，以天使身份投资。需要注意的是，以个人身份对外股权投资尽量不要超过6家，如有超出，可以公司名义进行。

第二，以公司名义投资。除了可用个人主导公司去投资外，最好成立一家专门的投资公司，负责对外股权投资事宜。

2. 调查投资对象的股权结构

一些共性的问题此处不做过多说明，以下几点需要强调一下：

首先，如果投资的目标公司创始人没有控股权，或者没有公司控制权，不要进行投资；

其次，股权结构不合理，如均分股权的公司不要投资；

最后，外部投资人（资金股）占大股、掌握公司控制权的不要投资。

3. 投资投到一定程度就是让步

投资的效果如何，取决于投资人的格局。对外股权投资，其实投到一定程度后，其真谛就在于让步，即只主张合理的股权！

合理的投资是让创业团队多持股，让操盘手和员工都满意，因为人力资本一定是优先于货币资本的，尤其是自己不熟悉的行业，持股不要超过30%，投资人只做小股东，让创始人和操盘手做大股东，以激发他们的积极性。

另外，可以给自己设定一个目标公司的投资回报率，如果超过这个回报率，就将高出的部分拿出去一定比例激励创始人和操盘手，以及其他干活的人，驱动大家共同把蛋糕做大。

从某种意义上讲，让步就是进步。

4. 股权投资风险规避

股权投资是风险游戏，这也是其得名风险投资的重要因素之一。事实上，股权投资能赚钱，但它更能赔钱。大家看到京东、阿里巴巴等公司的上市，公司创业者和投资者们赚得盆满钵满，却看不到很多创业者、风险投资人的钱血本无归。一个风险投资人投10个案子，平均可能只有一两个能成功IPO，还有一两个可能被卖掉，更多的只能等待，看它们是否有一天能够长大，其中有很多最后会颗粒无收，全部赔掉。

这还只是市场风险、经营风险、企业执行风险，此外股权投资者可能还会面临法律风险、政策风险，任何一个方向有些风吹草动，都有可能招致投资的彻底失败。

在实践过程中，股权投资项目的风险控制可从以下几个角度展开。

1）分阶段投资

分阶段投资，即投资的资金分阶段注入企业，避免一次到位，根据项目进展和对方履约情况分阶段逐步推进。

- 信任金。双方签署投资协议后，先行注入少量资金作为订金，也叫作信任金，一般在20%左右，当然作为对等回报，企业方面一般也会主张"到账多少资金，就过户多少股份"。

- 了解金。通过对企业的尽职调查发现投资目标基本能符合自己的要求，这个阶段，就要注入了解金，一般在50%左右。

- 目标金。如果企业发展顺利，前期投入的资金也能够得到较好的运用，没有浪费闲置的情况，则达到了投资人的预期目的。此时，投资人就可以将约定投资金额的剩余部分全部注入，同时，所换取的股权份额也可全部过户到位。

2）合同规制

在投资合约上，要详细约定双方的权利、义务，以及需要承担的违约责任，用来保障双方利益。

如果投资对象违约，通常采取的惩罚或补救措施有：调整优先股转换比例、提高投资者的股份、减少项目公司或管理层个人的股份、投票权和董事会席位转移到股权投资者手中，解雇高管团队等。

3）对公司操盘手的激励措施

为了激励目标公司的操盘手，老板可设定相应的经营目标，一旦达到或超出预期目标，就会对操盘手进行相应的股权激励，当然，如果达不到目标，则要进行相应的惩罚。

◆ 股权投资的退出模式

绝大多数股权投资的最终目的是为了退出，这是股权投资机构投资管理的最后一步，也是衡量投资失败与否的重要标准，当然也有少量战略投资者是为了长期持有股票。

常见的股权退出方式主要有以下 5 种。

1. IPO 退出

IPO，即首次公开发行股票（Initial Public Offering），也就是人们通常所讲的上市。投资企业发展成熟以后，通常会在证券市场挂牌上市，股权投资者可以通过公开市场交易的方式实现增值退出，这是最理想的一种退出方式。因为证券市场有其独特的杠杆作用，公司成功上市往往意味着股票的大幅度增值。

目前，企业进行IPO的途径主要有境内上市和境外上市两种，境内主要是在深交所（深圳证券交易所）、上交所（上海证券交易所）、港交所（香港证券交易所）和新三板，境外交易市场主要有纽约证券交易所和纳斯达克证券交易所等。

IPO退出的优势是明显的，即回报率高。它的缺点在于操作起来极其烦琐，对企业资质和经营、财务指标又有较高的要求，拟上市企业需要提前进行长期而周密的筹备，操作的成本非常高。据不完全统计，2016年成功实现IPO的企业，为之付出的综合成本大概在4500万元左右。

另外，企业实现IPO后，为了稳定股价，往往会规定一个股票禁售期，这为投资人的退出变现增加了不确定性风险。

2. 并购退出

并购是指某个企业或企业集团通过谈判协商的方式购买其他企业的全部或部分股权，从而达到参股或控制其他企业的目的。

并购有两种形式：第一种是正向并购，即进行股权投资的企业，为了扩大规模、提高市场占有率或整合资源，以实现快速发展，而对外部企业进行并购，投资人的股份通常会被稀释，投资人可以选择继续持有，或直接转让退出；第二种是反向并购，即投资企业被外部公司并购，投资人可以出让股权，收回投资。并购退出方式的优点很明显，主要有以下几点。

1）交易快捷

并购双方通过私下谈判，协商一致即可进行，这避免了企业在IPO过程中的烦琐程序和相关部门的严格监管与限制，而且双方交易达成后，投资方即可实现资金的回笼。选择并购方式的企业通常属于那种发展良好，但是上市基本无望或需要进行漫长等待的企业，各方出于利益折中的考虑，才退而求其次，选择并购方式。

2）交易成本低

并购交易是交易企业双方进行的，无须像 IPO 那样付出大量的人力成本、时间成本和中介交易承销成本。

3）收益相对较高

投资人通过并购退出获得的收益相对较高，但会低于 IPO 的回报率。另外，可实现股权的一次性转让，能避免不少麻烦。

4）可以保密进行

并购具有较高的信息保密度，无须像 IPO 那样进行充分的企业信息公示与披露。

并购退出的缺点也很明显，它的收益率明显要低于 IPO 退出。而且，如果投资人选择并购后继续持有股份的话，还会面临两家并购企业磨合不畅和控制权易手的风险。

3. 回购退出

回购，主要是由企业创始人或管理层从外部投资人手中回购股票。回购通常发生在以下几种情况。

第一，企业经营稳定，但是上市无望，根据之前投资双方签署的投资协议，由公司创始股东向投资人回购股权。

第二，公司创始股东为了提升持股份额或掌握公司控制权，同时投资人也有意向出让股权时，由创始股东向投资人回购股权。

第三，根据投资协议的规定，当投资期限届满之后或公司在预定期限未能成功上市，由被投资企业购回投资人所持有的公司股权。

【案例】

鼎辉与"俏江南"的股权回购纠纷

2010年，鼎晖资本向"俏江南"投资2亿元，对公司的估值为20亿元，鼎辉持有10%的"俏江南"股份。在投资合同中，鼎辉约定了一个对自己有利的退出条款：如果因非鼎辉方面原因，造成"俏江南"无法在2012年底实现上市，或者"俏江南"的实际控制人发生变更，那么鼎辉有权退出"俏江南"，"俏江南"董事长张兰或张兰认同的第三方，需要回购鼎辉手中的股权。

此后，"俏江南"做出大量努力，试图先后在国内A股和港交所上市，但先后失败，于是在2012年底触发了鼎辉设定的股权回购条款，根据协议约定，张兰需要以每年20%的投资回报率回购股权，但是当时的"俏江南"经营惨淡，根本无力回购这些股权。双方发生激烈的矛盾冲突，张兰甚至向媒体坦言"最大错误是引入鼎晖投资"。

公司本身是不能进行股权回购的，执行回购的通常是公司的创始人或实际控制人。而回购的前提是回购人要能够筹集到足够的资金。

同上述两种退出方式相比，回购退出操作比较简便，但是收益率也较低。

4. 股权转让

股权转让是指投资人将自己持有的股份有偿转让给他人，是套现退出的一种方式。股权转让也能让投资人实现全身而退，并且获得相对较高的投资收益。股权转让通常发生在企业上市前景不明朗，或投资人有其他更好投资项目需要套出资金的情况下。

5. 破产清算

破产清算多发生在所投资企业没有希望上市，企业也没有足够的资金来回收投资人手中的股权时（企业经营状况通常也陷于内忧外患的困局），投资人在没有其他退出选择的情况下，不得已而采取的一种方式，以在最大限度上减少投资损失。

申请破产并进行清算的成本较高，耗时较长，而且要经过复杂的法律程序。一旦选择破产清算的方式退出，其负面效应是显而易见的，基本意味着投资的失败，只能在最大限度上采取这种止损措施，来分配企业的残值。

第四章

公司控制权保卫战：股权融资的底线

第1节

不被资本绑架是一门艺术

◆ 丧失公司控制权：股权融资的最大风险

任何一家企业在创立阶段都会有一个主导者，一个灵魂人物，即企业创始人。许多高成长性公司在发展过程中，公司创始人都有可能会进行多种形式、多轮次的股权融资，在引进资金的同时，创始人手中的股权也会被一而再再而三地稀释，有些甚至会失去公司的控股权。

对公司创始人而言，失去控股权并不可怕，可怕的是失去公司控制权。丧失公司控制权是股权融资给创始人带来的最大风险。

如果创始人失去对公司的控制权，可能无法再准确把握公司的发展方向，甚至会导致其一手打造的企业垮掉。

【案例】

夭折的"8848"

1999 年，王峻涛开始在北京筹划电子商务项目，不久 8848.net 开通，这是一个跟阿里巴巴同一个时代的公司，而且是同样的商业模式。

当公司融资问题提上日程时，风险投资人蜂拥而至。除了 IDG 外，还有雅虎、软银和其他华尔街投资企业和个人。经过数轮的资本介入，创始人的股份被充分稀释，IDG 成为最大股东，同时也掌控了话语权。

2000 年 7 月，"8848"拿到了中国证监会的正式批文，"8848"还在纳斯达克进行了路演，甚至已经取得了股票上市的代码。

在最后关头，"8848"董事会内部却出现了严重分歧。分歧主要集中在IPO 的价格上，那时全球互联网泡沫正在破灭，纳斯达克互联网概念股估价自2000 年 4 月起开始下滑，已经先行上市的国内网络公司网易、新浪的股价已经跌到了摘牌的边缘。

这些因素直接影响了"8848"IPO 的定价，只有 10 美元左右，而当时"8848"的私募价格已经达到了每股八九美元。风险投资人认为，如果以每股 10 美元IPO 价格上市，那么后来进入的投资者就几乎无利可图，投资人的股票就无法迅速套现，这是让他们难以接受的。

大股东 IDG 建议推迟上市，等待纳斯达克回暖。然而人算不如天算，纳市并没有出现意料中的反弹，而是一路狂泄。"8848"的上市日期一推再推，眼巴巴地看着自己最终错过了纳市规定的 6 个月期限。

既不想亏本上市，也不能继续傻等纳斯达克的回暖，不甘心的投资者找到了另一根救命稻草——B2B。投资者计划让在 B2C 电子商务领域领军的"8848"，变商业模式为 B2B。这在公司内部引发了巨大的矛盾与激烈的争吵。

最后，投资人决定将"8848"的 B2C 业务拆分出来，只留下刚发布的Market Place 和 ASP 业务，单独以 B2B 的概念上市。分拆出来的 B2C 业务由王峻涛另找投资人买下，自己经营。后来事实证明，这是"8848"走向最后崩溃的转折点。

分家后的日子并不好过，王峻涛的 B2C 业务迟迟融不到资金，引发了原"8848"投资者的极大不满，王峻涛不得已选择抽身走人。接着，公司 B2C 管理层开始大量流失，业务迅速萎缩。B2B 业务由谭智全面负责，结果也不尽如人意。2001 年 9 月中旬，"8848"宣布与电商网合并。但时隔不久，谭智就挂职而去。随后，"8848"电商数据进入休眠状态，不久清盘，喧嚣一时的"8848"自此正式宣告消亡。

"8848"最终落此下场，虽说其背后的风险资本负有不可推卸的责任，但根源还在于创始人进行股权融资的时候，不仅让出了控股权，还将企业控制权和话语权拱手相让，落得任由资本摆布的下场。

让人心痛的是，王峻涛的前车之鉴，并没有阻挡后来的创业者"前仆后继"地犯同类错误。

1998 年，吴长江和两名同学共同出资创办"雷士照明"，当时吴长江持股45%，是第一大股东。2008 年，赛富基金经过数轮投资，成为了"雷士照明"第一大股东，占股 30.7%，超过了吴长江的 29.33%，吴长江对公司的控制权岌岌可危，只是靠其在经销商中的个人威信和影响力，在经销商的支持下勉强控制局面。后来，又经过一系列股权融资，吴长江的个人持股比例进一步稀释到 15% 左右。此后，创始人吴长江和资本方展开了旷日持久的公司争夺战，2015 年 1 月，吴长江因涉嫌挪用公司资金罪，被公安局正式逮捕，彻底失去了公司控制权。

2010 年 5 月，"1 号店"创始人于刚为了解决公司资金难问题，从平安融资 8000 万元，竟出让了"1 号店"80% 的股权，彻底失去了对公司的控制权，后来，平安金融整合"1 号店"的进展并不顺利，后又将股权转让给沃尔玛，不久，"1 号店"创始人于刚离职。

2016 年，中国平安以 16 亿美元入股"汽车之家"，占股 47.4%，正式成为第一大股东，中国平安掌握公司控制权后烧的第一把火就是清洗"汽车之家"原高管层，"汽车之家"原 CEO 秦致和 CFO 钟奕祺均被撤换。而作为"汽车之家"创始人的李想，更是在一年前就已经被迫离开了他花费十年精力一手打造的公司，李想离开前，手里的股份已经被稀释到只有3.4%，仅比CEO秦致的3.3%高出一点点。

　　在这些创始人与投资人的战争中，创始人很受伤，都以黯然离场告终。

　　类似的例子还有很多，发展中的公司因为成长的需要，非常渴望外部资金进入，所以不惜以极高的股权成本获得融资，甚至出让控股权和公司控制权，最终导致创始人被清洗出局。造成这种结果背后的原因，一般都是由于公司创始成员对股权架构重视程度不够，或者是太在意项目前期的发展，出让了太多股份，导致后期翻船。原本的股权融资变成了引狼入室，反受其害。

第 2 节

股权融资中的公司控制权设计

◆ 绝对控股：股权层面的控制权

关于融资中的股权让渡问题，知名投资人徐小平先生提出过这样的警示：

如果（创业者）一开始就把主权让出去，让出 60% 的股份，再伟大的企业也做不下去；我（创业者）只要把事情做起来，这个股份多少不重要。这种想法是错误的，凡是不以股份为目的的创业都是"耍流氓"。

股权是对公司的终极控制权利，根据《公司法》规定，股东会作为公司的最高决策机构，在表决公司普通事项时，需要半数以上股东（股权）同意，而在表决公司重大事项时，如公司章程的修改、董事任命及融资等，则需要三分之二以上的股东同意。

因此，对公司的控制权，最直接的表现便是掌握控股权。创始人要想拥有对公司的绝对控制权，需要拥有三分之二以上的股权，创始人拥有超过 50% 以上的公司股权，则能掌握相对控制权。

显然，仅仅从公司控制权的层面看，创始人掌握绝对控股权是最理想的情况，也最为保险。但在实际操作中，还要具体情况具体分析，有时一味追求绝对的控股权，对创始人的利益和企业发展而言未必是好事。

1. 绝对控股的适用情况

风险投资人的钱犹如一个烫手的山芋，得到多少就要付出相应的代价。DCM 的合伙人林欣禾认为："从创业者来讲，风险投资的钱则是拿得越少越好。为什么呢？第一，风险投资把你自己的股份稀释了，稀释了就拿不回来了。很多人刚开始的时候只想着融资，没有考虑到将来的形势；第二点，风险投资一旦进去之后，他们的目的并不和创业者的目的一致。

风险投资人的背后还有其他投资者，对他们同样负有责任，而创业者为了挚爱的理想、产品，可能对一些短期回报不会看得那么重。一旦拿了人家的钱，就要听人家的话，拿得越少越能坚持自己的主张。

所以我经常对创业者讲，如果你能不拿我的钱就尽量不要拿。如果你的商业模式足够好，就绝对不需要融资，因为你第一天就能赚钱，然后拿自己赚的钱再投资。所以，能赚钱的人通常不会拿太多风险投资，而需要拿很多风险投资的人的赚钱模式基本上都是长期的，需要很多的钱和很长的时间，那样对于风险投资人来讲风险性很大。"

刘强东在哈佛演讲时，也提醒创业者："你拿到多少融资不是你的财富，将来你要用 10 倍、20 倍的代价把这个还回去，风险投资的成本是全世界最高的。如果大家能够从银行贷款的话一定要从银行贷款，千万不要拿风投的钱。当然话又说回来了，作为创业者，你一无所有的时候，银行是不会给你贷款的，没选择的时候还是要找投资人。所以，千万不要把投资人投资的钱视为你的财富、你的成功，因为你终究要用 10 倍，甚至百倍的代价还给投资人的。"

如果仅仅是财务上的回报，倒还好说，怕就怕外部股权投资者"吃人不吐骨头"，连公司控制权也要染指。所以，如果公司的自由资金、现金流能够支撑公司发展，就完全没有必要进行股权融资。

【案例】

坚持不融资的公司

掌阅是一家令人尊敬的公司，它的主营产品是一个在手机上看电子书的软件。上线六年，数字图书发布平台掌阅 iReader 已经在全球 150 多个国家和地区积累了 4.8 亿用户，拥有图书 35 万册，月活跃用户达到 6000 万人。但是，掌阅公司从未融过资。

掌阅高级副总裁贾生亭在接受专访时坦言，在坚持低调独立发展、从未融资的道路上，公司和管理层抵御了很多"诱惑"，在今后将争抢更多独家图书版权内容，并放大品牌的声音。

曾有传闻称互联网巨头公司不止一次想入股和收购掌阅，以实现战略互补，但最终双方合作没有达成。"我们不是完全拒绝合作和融资，但是企业在不同的发展阶段都有不同需求，现阶段我们还将重点放在强化自身的成长上"。

"从 2012 年开始，公司已经基本实现盈亏平衡，财务状况比较健康，主要通过向用户收费以及和出版社/作者分成来获得营收，之后在收入模式上我们还会做出更多探索"。

不贷款、不融资、不上市，不让别人入股，也不去参股、控股别人。

"老干妈"也是这样一个另类的存在。在"老干妈"创始人陶华碧看来："上市那是欺骗人家的钱，有钱你就拿，把钱圈了，喊他来入股，到时候把钱吸走了，我来还债。"

"老干妈"不贷款、不融资的底气在很大程度上源于公司数十亿元的现金流。从艰辛起家时每天只有几十元的零散销售，到如今超过千万元的日销售额，"老干妈"坚持现款现货的原则，就连收购农民的辣椒也不例外。陶华碧曾说，"我从不欠别人一分钱，别人也不能欠我一分钱"。因此，"老干妈"的公司账目也格外简单。

"老干妈"不需要风险资金。同类型的企业还有华为、方太、娃哈哈、顺丰等巨头。

如果你的商业模式足够好，如果你的盈利能力足够强，你是不需要从风险投资人那里拿钱的，因为你的项目第一天就能赚钱，你用赚来的钱就完全可以支撑下一步的发展与扩张，也就无须拿股权换资金了。

2. 绝对控股的例外情况

现金流良好的公司毕竟是少数，更多的公司在高速成长阶段，其收入和盈利往往不能支撑其快速发展、抢占市场的需要，如果只是凭借自身的造血能力，一步一个脚印，很可能会贻误战机，被竞争对手赶超，沦落为行业内的二流存在，甚至于被淘汰、并购。

【案例】
融资不足错失发展良机

几年前，国内几家知名的电气设备经销商，联合出资成立了一家企业集团，旨在通过资源整合实现规模优势，计划在三年内将销售额做到50亿元，之后在香港上市。

项目启动之初，面临的迫切问题是启动资金不足。他们找到了一家境外的风险投资基金，这家基金计划投资2亿美元，主张拥有55%的公司股权。公司的三个发起创始人不想放弃控股权，这宗交易最终无果而终。

后来，作为折中选择，公司以出让15%股权的代价，从一家小型私募基金融资4000万美元。出让的股权比例很是合理，不可思议的是公司给了投资人一票否决权。

一年后，电气设备行业遭遇寒冬，很多小经销商濒临破产边缘，公司发现了这一机会，希望通过新的融资来收购一批中小经销商，扩大规模。但是公司新的8000万美元的融资计划却被首轮进入的私募基金一票否决，他们的理由是担心公司控制权旁落。

一年后，由于资金不足，公司错失了跨越发展的良机，营收和盈利也都一直无法满足上市需求。同时，随着行业的回暖，这家公司的发展越加艰难，上市更是无望。

原本极有可能成为行业领跑者的公司，后来竟然成了一家普通的行业参与者。

对于急需发展资金的成长性企业，股权被稀释，甚至必要的时候出让控股权（前提是不能再丢掉公司控制权）未必一定是件坏事，公司筹集资金后会增长更快，这将补偿稀释的损失。换句话说，将饼做大最重要，将饼做大比你手上握有的那一片要大得多。

◆ 双层股权结构：投票权和股权分离

企业发展过程往往是不断追加融资的过程，企业融资方式通常有三种：

第一，内源性融资，即创始人和创始团队追加投资，或通过企业自身的造血功能来予以解决；

第二，债权融资，即向银行或其他金融机构借款，到期还本付息；

第三，股权融资，即创始人（团队）通过稀释股权的方式，吸引外部投资者进入，以股权换资金。

对于一些轻资产、高成长性的企业而言，由于内源性融资潜力有限，以及欠缺进行债务融资的资产抵押物，因此多选择股权融资。

伴随着股权融资的推进，创始人的股权必然会被稀释，甚至于经过多轮融资后，创始人还有可能失去控股权。在失去公司控股权的情况下，创始人通过什么方式来掌控公司呢？这时，创始人可以采取双层股权结构，让股权和投票权相分离。

这种方式又称 AB 股计划，即"同股不同权"制度。其操作要点是：将公司股票区分为 A 序列普通股（Class A common stock）与 B 序列普通股（Class B common stock）。A 序列普通股通常由外部机构投资人与公众股东持有，拥有低投票权和低决策权，B 序列普通股则通常由创业团队和创始人持有，具有高投票权和高决策权。

通常，高投票权的股票每股具有 2 ～ 10 票（甚至更高）的投票权，主要由公司创始人或高管团队持有；低投票权股票的投票权只占高投票权股票的 10% 或 1%，有的甚至没有投票权，一般由外部投资股东持有。

比如，2004 年，谷歌在上市时，就采取了双层股权结构的制度设计，发行 A、B 两种股票，其中 A 型股票每股只拥有 1 份投票权，而 B 型股票每股则拥有 10 份投票权。有资格持有 B 型股票只有公司创始人谢尔盖·布林、拉里·佩奇和前首席执行官埃里克·施密特三人持有 B 种股票。这种股权设计，使得三人在未掌控公司控股权的情况下，能够得到超过 50% 的投票权，从而间接获得公司控制权。

目前，法律允许双层或多层股权存在的国家主要有美国、日本、德国、意大利、加拿大、瑞典、瑞士等国家。

在我国，由于《公司法》规定"同股同权"，因此，双层股权架构的制度设计在法律上就无法实现。不过，也有一些变通措施，如我国《公司法》允许公司章程对投票权进行特别约定（有限责任公司），允许股东在股东大会上将自己的投票权授予其他股东代为行使（股份有限公司），允许部分人执行企业事务（有限合伙企业）。

因此，在我国目前的《公司法》框架下，如果公司想要事实上突破"同股同权"的限制，可以在同股同权后加入"章程另有约定的，从其规定"即可。

为了规避法律风险，大量有着双重股权结构设计的公司，往往会选择前往美国上市。

【案例】

百度"牛卡计划"

2005 年，百度在美国上市前夕，几大外部机构股东的持股数加起来已占到 54.1%，当时谷歌作为百度的最大竞争对手，是有意向收购百度的。一旦这些机构手中的流通股被谷歌收购，将有可能得到控股权，被竞争对手控股，显然这不是一贯主张独立发展的李彦宏愿意看到的。

事实上，谷歌根本没有机会收购百度，因为百度早已预见性地设立了防止恶性收购的"牛卡计划"——同谷歌的 AB 股计划如出一辙，IPO 后的百度股份将分成 A、B 两种类型。A 股就是流通股。B 股则是法人股和优先股。"牛卡计划"的微妙之处就在于"同股不同权"，具体表现在给予每股的表决权上：流通股每股投票权为 1 票，而创始人所持的 B 类股票，其表决权每股为 10 票。当然，这两类股票的投资回报率是完全一样的，只有在公司表决的时候，B 类股票的表决权才会乘以 10 倍。

这样，创始人只要所持股份在 11.3% 以上，即可获得对公司的绝对控制权，有权决定公司的所有重大事项，目前李彦宏夫妇持有的百度股权在 20% 以上，拥有绝对的公司控制权。

"牛卡计划"杜绝了外部投资者"染指"百度公司控制权的机会，同时这种模式可以确保百度在机构投资者和外部公众股东面前保持自己的独立性，也便于创始人持续掌控公司命脉，按照自己的思路经营百度。

有了百度的成功案例，越来越多的中国公司开始采取双层股权设计。比如，在美国上市的中国公司京东、聚美优品、陌陌都是采取这样的模式。

其中，京东创始人刘强东持有的股票 1 股拥有 20 份投票权，投票权比例为 83.7%；聚美优品创始人陈欧持有的股票 1 股拥有 10 份投票权，他的投票权比例为 75.8%；陌陌创始人唐岩持有的股票 1 股拥有 10 份投票权，投票权比例为 78%。

◆ 中国合伙人制度：董事会控制公司

公司的控制权实际上掌握在董事会手中，公司股东会即使作为公司最高权力机构，也无权干预董事会在法律和公司章程框架下行使公司日常管理决策的行为。因此，公司控制权和公司运营的控制权有时也是分离的，尤其是那些股权相对分散的公司，公司的控制权通常在董事会手中。

一般情况下，公司的日常经营事项都是由公司董事会决定的，公司股东也很少召集股东会来干预公司日常经营，除非面临重大事项的抉择时，股东会才会被召集。所以，如果控制了公司董事会，就等于控制了公司的日常经营管理权。

对未进行股权融资的公司而言，一般不会出现公司控制权和公司运营控制权的分离现象。换句话说，这类公司的董事会往往就是由创始股东组成的，或者是创始股东的代言人。

而随着公司不断对外开展股权融资，投资方出于维护自身利益的考虑，通常会要求向公司派驻自己的代言人——外部独立董事，公司的董事会构成也就出现了变化，公司创始股东要密切注意董事会话语权的变动和转移，谨防公司实际经营控制权出现异动。

董事会的控制会直接影响到对公司的控制权，汽车之家、雷士照明和万科的股权纷争给我们的警示在于，外部大股东获得公司控股权和话语权之后，通常会选择清理门户，即改组公司董事会，甚至会将公司创业元老扫地出门。

公司核心创始人务必要控制董事会，或是掌控董事会的大部分席位，以确保公司控制权不发生转移。创始人控制董事会最有效的手段是控制董事的提名罢免权，如果公司创始人掌握这种权力，那么外部的股东就很难通过控制董事会来掌控公司。

【案例】

阿里巴巴合伙人制度

阿里精神其实就是以马云为核心的合伙人精神，从 1999 年马云创办阿里巴巴以来，公司最早一批创始人及后来的管理层，一直秉承合伙人精神。

2010 年 7 月，为了保持公司的这种合伙人精神，确保公司的使命、愿景和价值观的持续发展，阿里巴巴决定将这种合伙人协议正式确立下来，取名"湖畔合伙人"，取自马云和创始人们创立阿里巴巴的地方——湖畔花园。

第一，阿里巴巴合伙人资格认定。

马云和蔡崇信为永久合伙人，其余合伙人在离开阿里巴巴集团公司或关联公司时，即从阿里巴巴合伙人中"退休"。每年合伙人可以提名选举新合伙人候选人，新合伙人需要满足在阿里巴巴工作或关联公司工作 5 年以上，并对公司发展有积极的贡献，且高度认同公司文化，愿意为公司使命、愿景和价值观竭尽全力等条件。担任合伙人期间，每个合伙人都必须持有一定比例的公司股份。

第二，合伙人的提名与选举。

阿里巴巴合伙人的产生分提名和选举两部分。新增合伙人至少由 3 位现有合伙人提名；投票时，到场人数不得低于合伙人总人数的 75%，未到场的视为反对，不允许弃权；新合伙人必须获得全部合伙人人数 75% 的赞成票才算通过。

而且，阿里合伙人制度还规定，马云和蔡崇信作为公司的永久合伙人而存在，不受退休年龄的限制，只有他们二人可以任命新的永久合伙人，即公司下一代的掌控人才算退出。

在阿里合伙人制度下，外部投资人对公司合伙人的人选基本上没有任何发言权，这种治理结构能确保公司的控制权始终掌控在合伙人手中，哪怕合伙人不具有控股权或合伙人的股权被稀释的再低也没有关系。

根据创投协议，阿里巴巴的两个大股东软银和雅虎，也都同意阿里合伙人对董事会成员的提名罢免权，确保了阿里合伙人对公司的控制权。

阿里的合伙人制度同美国流行的双层所有权架构不同，即投票权高度集中于少数创始人手中，阿里合伙人制度分散到更多的高管成员中，阿里称这样的好处是既能保持公司价值观，又能考虑到合伙人退休后的更新换代。

其实，阿里巴巴之所以未采取双层股权制，而是创新了合伙人制度，也是出于无奈。我们前面提到一些知名公司如谷歌、百度、京东、聚美优品等，都通过双层股权设计，使得公司创始人能够借助绝对掌握投票权而获得公司控制权。

阿里巴巴之所以未采取这种制度，实在是由于马云持有的股份太少，即使是每股拥有 10 倍的投票权，马云的投票权仍然不超过 50%，哪怕是每股拥有 20 倍的投票权，马云的投票权也只是勉强超过 60%，这样相对其他公司创始人的高额投票权，马云对公司的控制权就会削弱很多，而且日后也不能抛售太多股票，否则，就有可能彻底失去对公司的控制权。

正是出于这种考虑，阿里巴巴的湖畔合伙人制度才得以出炉，它实际上是对"双层股权结构"的一次创新运用。

阿里合伙人对公司控制权捍卫的最大意义在于，它使得公司创始人在不拥有控股权抑或是股权被稀释到了一个极小的额度时，依然能够掌控公司。甚至于，创始人无论怎样减持股份，也不会影响其对公司的控制权，公司控制权和控股权彻底实现了分离。

◆ 保护公司控制权的其他条款设计

在股权不断稀释的过程中，如何掌握公司控股权是公司创始人无法绕过的一个问题，在实操中，公司会面临各种各样的股权结构、融资需求；在面对不同的投资人时，会拥有不同的谈判砝码，获得不同的话语权分割。所以，对于保护公司控制权的制度设计也是多种多样，关键是要切合企业实际。

1. 投票权委托

投票权委托，即公司部分股东通过相关协议约定，将其手中持有的股票投票权委托给特定股东（通常是创始人），以增加特定股东的投票权重，增加其投票权比率。

投票委托计划的一种形式是公司的创始小股东将投票权委托给核心创始人。例如，假设某公司核心创始人拥有 40% 的表决权，不超过半数，这时，公司其他拥有 20% 以上表决权的创始小股东，就可以将表决权委托给核心创始人，使其取得绝对的表决权。

另外，如果公司创始人足够强势，外部投资人也会将手中的投票权委托给他们，当然这一点要取决于双方的前期沟通及博弈。例如，根据京东商城的招股书，在该公司上市前，就有包括老虎基金、高瓴资本、今日资本，以及腾讯在内的 11 家投资机构将投票权委托给了刘强东行使，使其拥有了超过半数的投票权。

2. 一致行动计划

当公司无控股大股东也没有实际控制人时，公司创始人就可以和其他股东签署一致行动协议，以确保在股东意见不一致时，某些股东能够跟随自己采取统一行动，保证自己对公司的控制力。

例如，北京某科技公司的创始股东有六人，股权比较分散，不存在持股超过半数的控股股东，也没有表决权超过半数的股东。公司分别担任董事长、总经理和财务总监的三名重要创始人，分别持有30%、25%、20%的股权，合计持股75%，为了避免公司在决策上的分歧，三人通过签署《一致行动协议书》并对相关表决事项进行约定，确保了对公司控制权的牢牢掌控和公司权力的顺利行使。

3. 有限合伙制

有限合伙是一种新型的合伙制度，它将公司合伙人分为普通合伙人和有限合伙人，其中，普通合伙人享有公司管理权，行使管理职能，参与公司决策，而有限合伙人只作为出资方，获得相应股权，而不参与公司的具体决策和管理。

所以，创始人可以通过制度设计，将创始股东之外的股东圈定在有限合伙人的范畴内，避免他们插手公司控制权。

4. 股息优待法

"股息优待法"称得上是双层股权结构的延伸，公司创始人可以在原有股权结构之上，设计一个新的"次级投票权"的股权结构，即给予公司创始人之外的股东以较低的投票权，同时作为补偿措施，他们可以分得较高的股息。这样操作可谓皆大欢喜，大股东拥有了公司控制权，小公司提高了自己的收益权，而将意义不大的投票权予以削弱。

5. 借助法人代表和公章掌握公司控制权

在我国法律框架下，公司董事长或总经理通常是公司法人代表。公司法定代表人在法律规定的框架下，代表公司对外行使职权，其职务行为即公司行为，其职务行为所导致的法律后果将由公司承担。

另外，公章也是中国式公司权力行使的一个标志，公司对外合作是否具备法律效力，其中一个重要衡量标准就是是否盖了公章。

因此，公司可以借助法人代表和公章这两大武器，来加强对公司的控制权。

6. 重大资产重组

根据《非上市公众公司重大资产重组管理办法》相关规定，公司创始股东可以通过调整、重组公司资产，对附着在公司资产上的权力进行重新配置，以实现创始人对公司的控制权。

例如，福建某服装企业，公司核心创始人在资产重组前持有公司 32.48% 的股份，2016 年，公司向该创始人定向发行 3000 万股股票，该创始人获得全资持有的另一家 B 公司的所有股权，从而，使其持股数量达到 8700 万股，持股比例提升至 62%，成为控股股东。

7. 创始人行使一票否决权

创始人的一票否决权是公司确保创始人掌控公司的一项防御性策略，通常适用于公司重大事项决策时，如重大融资、合并、分立、公司预算决算、公司董事会人员的聘用与解聘、重大人员聘用、公司解散清算等事项时，必须得到公司核心创始人的同意方可通过，否则，创始人可行使一票否决权。

第 3 节

掌握好融资的底线与节奏

◆ 公司的融资路径至关重要

公司控制权保卫战这个命题之所以存在，在于公司的股权在融资中被不断稀释，当创始人手中的股权被摊薄到一定程度时，必然会出现公司控制权的问题。

从这个结论来逆向推演的话，就提醒创始人在股权融资的过程中，要把握好融资的底线，掌握好股权出让的比例和节奏，不仅为后续的再融资、公司内部的期权池留下余地，同时也给公司掌控权的操作留下足够的回旋空间。

在企业发展早期，创始人为了获得公司发展所急需的资金，往往不惜代价地出让股权，必然会埋下隐患。而如果创始人能够在格局上开阔一些，对自己的项目更自信、更有底气一些，把握好融资的底线，那么将会给自己争取到更好的融资条件和发展空间。

众所周知，沃尔玛在战略入股 "1 号店" 之前，首先考虑的是入股京东，由于沃尔玛主张公司控制权，而被刘强东断然拒绝，双方没有谈拢，沃尔玛才又找了 "1 号店"。所以，我们才看到这两家 B2C 电商有着截然不同的命运。

企业早期进行股权融资时的公司估值和股价通常会比较低，随着公司的发展壮大，估值和溢价会越来越高，融资过程中对股权的出让额度会越来越低，对创始人股权的稀释效应也在递减。因此，公司创始人要把控好融资过程中的平衡，既要确保公司发展所必需的现金流，又同时兼顾公司控制权不丧失。

通常，按照正常的融资路径，一个公司需要进行五六个轮次的融资。

（1）种子轮。通常是创始人和合伙人出资，注册公司，启动项目。

（2）天使轮。融资规模通常不大。

（3）A轮。如果公司发展不错，会有风险投资跟进。

（4）B轮。公司在资金助推下，迅速做起来。

（5）C轮。公司做到行业前三，更多资本进来。

（6）D轮。公司看到上市希望。

【案例】

公司极简融资史

甲乙二人共同出资创立了 A 公司，两人根据出资比例划定的股权结构为70%：70%。

半年后，某天使投资人看好公司发展，双方经过评估，给出的企业估值是1000 万，天使投资人提出投资 200 万元，占股 20%，创始人的股权要进行同比例稀释。此时，股权结构为：

股东甲所占的股份为：70%×（1-20%）=56%

股东乙所占的股份为：30%×（1-20%）=24%

天使轮融资后，公司的股权结构如表 4-1 所示

表 4-1　天使轮之后的公司股权结构

股东	持股比例
甲	56%
乙	24%
天使	20%

此后（这里假定一个简单的情形），A 轮、B 轮、C 轮、D 轮，公司都会拿出相应的股权给新的投资人，股权稀释过程如表 4-2 所示。

表 4-2　股权稀释过程

股东	初始股比	天使轮股比	A 轮股比	B 轮股比	C 轮股比	D 轮股比
甲	70%	56%	44.8%	38.08%	34.27%	30.84%
乙	30%	24%	19.2%	16.32%	14.69%	13.22%
天使	/	20%	16%	13.6%	12.24%	11.02%
A 轮投资人	/	/	20%	17%	15.3%	13.77%
B 轮投资人	/	/	/	15%	13.5%	12.15%
C 轮投资人	/	/	/	/	10%	9%
D 轮投资人	/	/	/	/	/	10%
总计	100%	100%	100%	100%	100%	100%

公司每一阶段融资出让股权比例的大小，都会对后续投资人的进入和股权出让比产生直接影响，通常，在天使轮出让股权比例建议在 10% ~ 20% 之间，越低越好，尽量不要超过 30%。这样，创始人才能占据主动权。

后续融资的每轮股权出让比例一般根据投资人的出资额度具体拟定，一般处于递减状态（但要维持在天使轮投资后天使人得到股份比例基础之上）。

另外，最关键的一点就是，创始人对于公司的发展和融资情况要有几个总体的提前规划，要充分考虑到伴随股权的不断稀释所产生的公司控制权争夺情况，并做出相应的预案和应对措施。

◆ 对投资人的"尽职调查"

缺钱是企业运营的主旋律，融资是企业创始人任何时刻都不能放下的一项工作。

这种缺钱的局面，成长性公司尤甚。如今已成为超级大佬的马化腾，创业前期，也遇到过入不敷出的窘境，甚至一度打算把 QQ 卖掉。

1999 年 2 月，马化腾带领腾讯的创业团队开发了即时网络通信工具——腾讯 QQ，放到互联网上供用户免费使用，不到一年就发展了 500 万用户。QQ 的大量下载和暴增的用户量却没给当时的腾讯带来什么收益，反而成了公司的"包袱"。

如果用两个字形容当时的腾讯，那就是"缺钱"，对这家新生的企业来说，别说更换新设备，就连每年一两千元的服务器、托管费都没有着落。

当时，这家仅有十几个人的创业公司，主要业务并不是 QQ，而是给深圳电信、深圳联通和一些寻呼台做项目，QQ 充其量只是公司的副产品。

为了让公司生存下去，马化腾接受了朋友的建议，打算将 QQ 卖掉。他原本的计划是将 QQ 作为软件，多卖几家，换来更多资金。结果事与愿违，一些公司要求独家买断，谈判破裂。

QQ 没有卖掉，用户却一直在爆发性增长，维护这些用户需要的投入也越来越大，为了融资，马化腾找到银行，想用 QQ 来办理抵押贷款，银行的态度很明确，从来没听说有人可以凭借"注册用户量"来抵押贷款。一连谈了好几家，都没能谈拢，不过谈来谈去，马化腾决定不再卖 QQ 了，要留下自己把它养大。

这才有了后来中国互联网发展史上拥有最巨量用户群的 QQ，才有了后来的腾讯帝国。

这也提醒后来的创始人，公司发展前期，缺钱是常态。但不能为了筹钱，而丢失了自己的底线，做出一些让自己追悔莫及的选择。要明白什么钱可拿，什么钱不可以拿。

尤其是股权融资，更应该是一种双向选择，投资人在对创始人及其公司进行尽职调查的同时，创始人也应该对投资人展开反向尽职调查，对投资人的背景和投资意图要有一个准确的了解和把控，以减少公司股权稀释过程中的公司失控风险。

1. 主张不平等调控的投资不要拿

如果外部投资者主张超出正常情况的股份，如早期投资者主张 30% 以上的股权，以及提出不正常的对赌约定，或者要求严厉监管投资对象的，那么融资一方就要慎重考虑了。

客观地讲，那些心态成熟的投资机构大多都会尊重创始人对公司的控制权，同时也尊重创始人的持股比例，因为他们明白只有这样才能激励创始人将公司的盘子做大，大家才能实现双赢，投资人才能获得更可观的回报。

正是出于这种考虑，很多心态开放的投资人都会主动提出给予创始人相对较多的股权，甚至于某些投资人都不愿意投那种创始人持股比例过低的公司，在他们看来这属于股权架构存在隐患的公司。

因此，如果投资人提出一些不合理要求的话，那就真要去仔细揣摩一下他们的心思了。

2. 小投入主张大权力的投资不要拿

有这样一类投资人，他们投入资金不多，也不要求过多的股权，但会提出一些过分的要求，如向公司派驻董事，影响公司日常经营和决策，或者主张一票否决权，以在关键时刻显示自己的存在感。

这种投资人一旦拿到想要的权力，会对公司日常运营形成极大干扰，是创始人掌握公司控制权的重大隐患。

3. 战略意图太明显的投资不要拿

投资人投资入股公司的目的主要有两种：

1) 财务性投资

投资人进行单纯的财务投资的目的和追求通常比较简单，就是通过资金注入，帮助公司快速发展，投资人收获公司发展的红利，收获财务上的回报。

这类投资人通常不会染指公司控制权，但融资方要注意不要出让太高的股权比例，以免影响后续融资。

2）战略性投资

战略性投资者的战略意图比较明显，他们进行股权投资并非是为了简单获得财务上的回报，通常是出于资产重组、整合的目的，他们通常会要求进入公司董事会，甚至会谋求公司的控制权。

对战略投资人，要设法弱化其对公司控股权的要求，并做好相关制度或法律设计，做好防火墙，避免"引狼入室"的可能性。

作者简介

陈学兵

- 学培文化传播有限公司董事长
- 学培实业投资有限公司董事长
- 企业"股权设计·机制分配"专家
- 股权投资与融资策划顾问

　　作者拥有十余年股权设计与分配机制的教育培训经验，他致力于完善中国中小企业的股权结构，为中国中小型企业建立更完善的股权分配机制而奋斗。曾指导过几千家中小企业，并让许多企业从亏损到盈利，从盈利到业绩倍增，从业绩倍增到企业上市，他被称为"股权奇才"、"企业家的财神爷"。

陈学兵老师公众号：CXB6666168

陈学兵老师微信号：CXB8888

陈学兵老师经典语录

1. 经营企业就是经营势、经营人，小创始人做事，大创始人分钱，分钱比赚钱更重要。

2. 一个企业的伟大源于股权的设计。

3. 股权股权，分了股还要拥有权力。

4. 钱"大大"不一定权"大大"，权"大大"不一定钱"大大"。

5. 天下无难事，就搞股份制。

6. 创始人要想成功，要看有多少人希望你成功才会成功。

7. 占得多不一定赚得多，占得少不一定赚得少。

8. 大创始人把股份越做越小，小创始人把股份越做越大。

9. 没有不缺钱的创始人，只有格局不够大的创始人。

10. 财富永远在大方向、大趋势。

11. 全世界最大的商业模式：收税模式。

12. 小公司卖产品，大公司卖身。

13. 创始人经营企业就是经营"信"和"势"。

14. 你能让多少人操心，事业就有多大。

15. 所有人都有痛点，学会找到对方的按钮。

16. 要研究西方的思维，用中国的模式。

17. 先吸人，后吸财。

18. 创始人要学会画饼，分饼，做饼。

19. 财富永远都是设计出来的。

20. 资源没有变成财富 = 资料。

21. 模式是关键，市场一大片。

22. 世界上什么最贵：需求最贵。

23. 投资在今天，收获在明天。

24. 做事的人永远都拿大头。

25. 制定规则才能玩游戏。

26. 创始人与员工最大的差别：投入不一样。

27. 创始人为结果买单，员工不用为结果买单。

28. 创始人就是经营人的欲望。

29. 学习不交费永远学不会。

30. 创始人投入的多少决定你退出的代价。